Macmillan/McGraw-Hill LECTURA

Contributors

The Princeton Review, Time Magazine, Accelerated Reader

The Princeton Review is not
affiliated with Princeton
University or ETS.

learning through listening

Students with print disabilities may be eligible to obtain an accessible, audio version
of the pupil edition of this textbook. Please call Recording for the Blind & Dyslexic at
1-800-221-4792 for complete information.

The McGraw·Hill Companies

Published by Macmillan/McGraw-Hill, of McGraw-Hill Education, a division of The McGraw-Hill Companies, Inc.,
Two Penn Plaza, New York, New York 10121.

Printed in the United States of America

ISBN 0-02-191696-9/3, BK. 2
2 3 4 5 6 7 8 9 027/043 09 08 07

Macmillan/McGraw-Hill LECTURA

Autores

María M. Acosta

Kathy Escamilla

Jan E. Hasbrouck

Juan Ramón Lira

Sylvia Cavazos Peña

Josefina Villamil Tinajero

Robert A. DeVillar

Macmillan
McGraw-Hill

Cuéntame más

Usa el ingenio

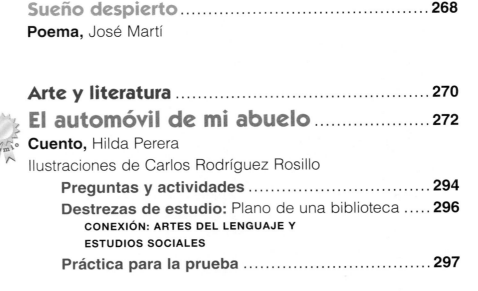

UNIDAD 3

Querer es poder

Cuéntame más

En el país de Nomeacuerdo

En el país de Nomeacuerdo
doy tres pasitos y me pierdo.
Un pasito para allí,
no recuerdo si lo di
un pasito para allá,
ay qué miedo que me da.
Un pasito para atrás
y no doy ninguno más.
Porque ya, ya me olvidé
dónde puse el otro pie.

María Elena Walsh

Si miras esta pintura detenidamente descubrirás que ocurren cosas poco usuales. El artista ha usado su imaginación para mostrar lo que sintió al pintar esta obra.

¿Qué crees que el artista pintó primero? ¿Es real el ave que aparece en la pintura? ¿Hacia dónde va el ave? Explica tus respuestas.

Mira otra vez la pintura. ¿Por qué crees que el artista pintó el ave como si fuera de día y el paisaje es al anochecer? Explica tu respuesta.

El regreso, Rene Magritte

Conozcamos a
Fernando González

Fernando González es un joven escritor y dibujante uruguayo. Dibuja e inventa cuentos desde chico. Ya de grande, por las noches, se los cuenta a su hijo Maximiliano. En 1993 escribió *El libro de los dragones* y en 1995 ilustró *La casa encantada* de El Sabalero. "El hacedor de pájaros" es una preciosa obra envuelta de magia y fantasía. ¿Quienes son los hacedores? Unos dicen que son magos. Otros, sabios señores o inventores o simples artesanos. Lee el cuento y descubrirás a los hacedores.

el hacedor de pájaros

Fernando González

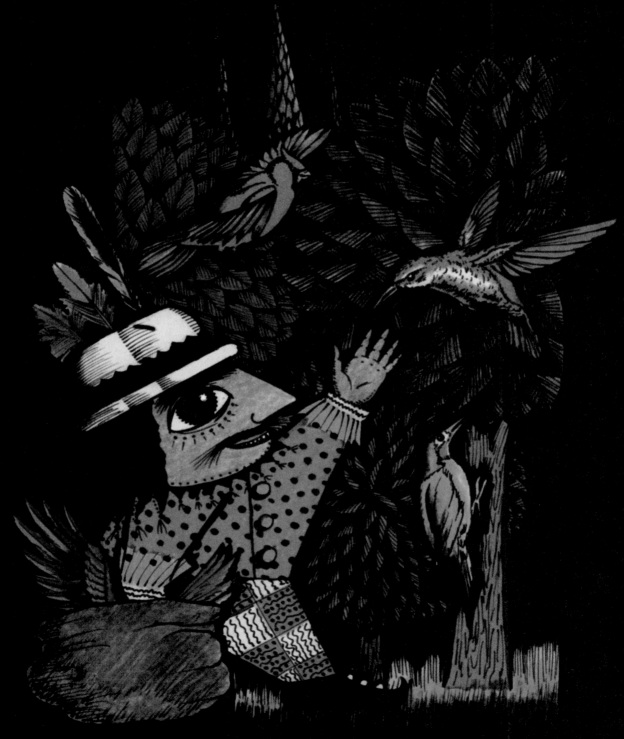

Dicen que hace mucho,
mucho tiempo,
el mundo era una roca
sin vida.

Entonces llegaron los Hacedores.

Unos dicen que eran magos.
Otros, sabios señores.
Inventores.
Hechiceros.
O simples artesanos.

Con sus manos hábiles y preciosas
hacían cosas maravillosas.

Había Hacedores de fuegos,
Hacedores de azufre,
de carbón y de sal.
Había Hacedores de flores,
de árboles frutales
y paisajes matinales.
También Hacedores de fieras,
de insectos, de arañas y caracolas.

Todo lo hacían,

todo lo creaban,

todo lo nacían.

El hacedor de Pájaros
hacía pájaros.

Aves bellas y majestuosas
de largas plumas
de mil colores.
Grises gorriones
de vuelo tímido.
Nerviosos colibríes.
Lánguidas cigüeñas.
Esbeltos cisnes.

y
muchos
más.

Amaba a sus creaciones
como si fueran sus propios hijos.
Diseñaba sus formas
y sus vuelos con sumo cuidado
y memorizaba cada uno de ellos.
Sin olvidar ninguno jamás.

Así los conocía.

Por su tamaño,

por su forma

y por su forma de volar.

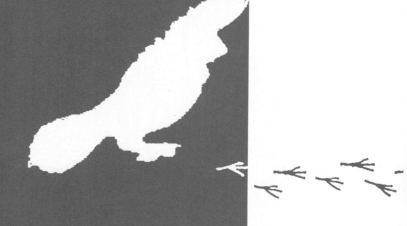

Fueron pasando los años
y el Hacedor de Pájaros
fue haciéndose más y más viejo...

Un día despertó sin ver.
Sus ojos se habían apagado.
De tanto trabajar.
De tanto mirar.

—¿Cómo veré a mis hijos?
—lloraba.
—¿Cómo distinguiré a mis
pájaros? —se lamentaba
y sólo el viento lo escuchaba.

Corrió el viento
a hablar con su amigo,
el Hacedor de Música,
y le contó lo que había oído.

El Hacedor de Música, conmovido,
decidió visitar al artesano pajarero.
Partió rodeado de dulces tonadas
y amables melodías.

24

–Supe de tu pena –dijo el Hacedor de Música–.
–¿Puedo ayudarte de algún modo?
–¿Cómo veré a mis pájaros? ¿Cómo los distinguiré?
¿Cómo sabré cuando vienen y cuando van?
–se desahogó el ciego.

El otro pensó y pensó hasta que llegó una idea.
Con notas, silencios y sonidos tejió durante toda la
noche y, a la mañana, convocó a todas las aves.

Una vez reunidas le obsequió a cada una un canto
propio, diferente, perfecto...

Ahora,
cuando cae la tarde,
el Hacedor de Pájaros
y el Hacedor de Música
pasean lado a lado,
bajo los árboles frutales...

Escuchando a los pájaros.
Viendo sus cantos.
Sintiendo a la música volar.

Preguntas y actividades

1 Según el cuento, ¿quiénes eran los hacedores?

2 ¿Qué fue creado primero, el pájaro o su canto?

3 ¿Por qué crees que el autor califica a los colibríes de "nerviosos"?

4 ¿Cuál es la idea principal del cuento?

5 Supón que el Hacedor de música se encuentra con el cuento vacío. ¿Qué le regalaría? ¿Cómo se sentiría el cuento vacío con su regalo?

Escribir una reseña

En "El cuento del coquí" de la unidad 3, un pájaro crea el canto del coquí. Léelo y escribe una reseña comparando el personaje del pájaro con el del Hacedor de música. Al final determina qué cuento prefieres. ¿Por qué?

Describir un instrumento musical

¿Cuál es tu instrumento favorito? Imagínate que eres el Hacedor de música y tienes que dibujarlo y detallar cada una de sus partes para que otro lo construya. Haz también una breve descripción de su sonido.

Inventar una canción

Elige una canción que te guste y ponle otra letra. Empieza usando parte del texto de este cuento. Luego cambia las palabras que necesites para que queden bien con la música. Compara tu canción con la de un compañero o una compañera.

Obtener más información

Según el tipo de pájaro, las plumas tienen diferentes funciones. Busca información acerca de estas funciones en una enciclopedia o libro sobre pájaros y enuméralas en una lista junto algunos ejemplos.

29

Red de palabras

Una **red** es un recurso útil para clarificar ideas. En el recuadro del centro se escribe el concepto sobre el que queremos pensar y alrededor las ideas que se nos van ocurriendo.

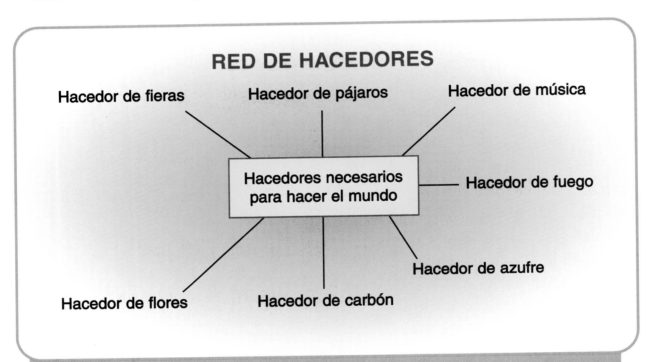

RED DE HACEDORES

Hacedor de fieras   Hacedor de pájaros   Hacedor de música

Hacedores necesarios para hacer el mundo   Hacedor de fuego

Hacedor de azufre

Hacedor de flores   Hacedor de carbón

Observa la red anterior y responde a las siguientes preguntas.

1 ¿Cuál es el concepto de esta red?

2 ¿Cuántas ideas se nos han ocurrido hasta ahora?

3 ¿Se te ocurren más? Menciona tres.

4 ¿Por qué crees que la red es útil para aclarar ideas?

5 ¿Para qué te serviría en la vida real?

INDICACIONES:

Lee el texto. Luego lee cada una de las preguntas.

MODELO

Un verano en la finca

Raquel pasó un verano trabajando en la finca dedicada a la cría de caballos de su tío. A ella le encantan los caballos y había estado esperando ese verano con impaciencia.

La primera semana ayudó a su tío a darles de comer a los caballos, cepillarlos y llevarlos a correr. Un día, el tío le dijo que le iba a enseñar a poner herraduras.

—¿Y no les duele? —preguntó Raquel a su tío cuando lo vio clavar las herraduras en los cascos. El tío sonrió.

—No. Los cascos de los caballos son insensibles. Las herraduras los protegen y evitan que se rompan o se astillen.

1 ¿Qué es lo último que pasa en el cuento?

○ Raquel cepilló los caballos.

○ Llevó los caballos a correr.

○ Dio de comer a los caballos.

○ El tío de Raquel les puso herraduras a los caballos.

2 ¿Por qué quería Raquel pasar el verano en la finca?

○ A ella le gustaban los caballos.

○ A ella le gustaban las herraduras.

○ A ella le gustaban las fincas.

○ A ella no le gustaba la escuela.

Arte y Literatura

Esta pintura muestra un atardecer
en Nuevo México visto desde el
punto de vista de la artista. Los
artistas expresan sus ideas de
diferentes maneras.

Mira la pintura. ¿Qué puedes decir
acerca de ella? Si tu pintaras un
atardecer, ¿cómo lo harías? ¿qué
elementos usarías?

Cierra los ojos. ¿Qué recuerdas de
la pintura? ¿Por qué?

Atardecer en Nuevo México,
Linda Lomahaftewa, 1978

Conozcamos a Juanita Alba

Los cuentos de Juanita Alba suelen ir dirigidos a los niños pequeños. Su capacidad para combinar la sencillez del lenguaje con la profundidad de lo que con él expresa la convierte en una autora muy apreciada dentro del mundo de la literatura infantil. "Nunca me ha gustado limitarme exclusivamente a contar una historia. Lo que pretendo es que todos los niños que lean lo que yo escribo puedan aprender algo."

"Calor" es un magnífico ejemplo. Página por página y con pocas palabras, Juanita Alba relata un sencillo cuento, a la vez que enseña a los lectores los diferentes tipos de calor que uno puede sentir a lo largo de la vida.

Conozcamos a Amado M. Peña

De origen mexicano e indígena yaqui Amado Peña tiene una sólida formación artística que deja traslucir en toda su obra. Ha enseñado arte en escuelas públicas durante 16 años. Algunos dibujantes consideran que los cuentos dirigidos a los más pequeños deben ir acompañados de ilustraciones simples y de líneas sencillas. Amado Peña no hace ese tipo de concesiones. En el cuento "Calor" podemos disfrutar de su perfección de trazo, la excelente planificación y el minucioso detalle de los dibujos que, coloreados con un gusto exquisito, los convierten en una pequeña joya. Amado Peña vive en el norte de Santa Fe, Nuevo México.

CALOR

AMADO PEÑA · JUANITA ALBA

Abuelito decía que el calor del sol es
la cobija de los pobres.

El calor siempre ha sido mi amigo.
Siempre lo he querido.

La centinela

El calor de mi mamá me da
fuerza porque sé que su amor siempre
está conmigo. Haga bien o no,
ella siempre me quiere.

Los cuentos

Yo sé que el calor vive entre lo anaranjado y lo colorado.

El calor de mi abuelita me hace que me acurruque con ella.

Su calor tiene el olor a rosas frescas y tortillas recién hechas.

Abuelita: La cuentista

Todo lo que mamá hace — las colchas,
el chile guisado, sus caricias—
demuestra el calor que vive en ella.

De la serie Colcha: La tejedora

Mis tíos son muchos. Nada se compara
con el poder de ese calor.

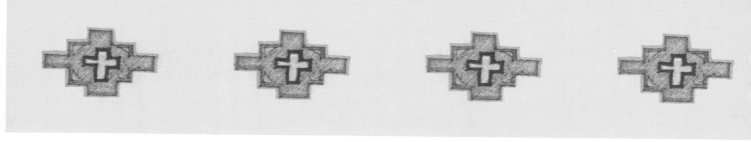

Danza del bisonte

También los animales buscan
el calor del amor.

Patrones

Yo sé que cuando bailan,
los cubre el calor. Las caras se ponen
rojas y corre el sudor.

Danza de los artesanos

Cuando pasa el frío, llega el calor,
y todos le damos la bienvenida.

El sábado, día del mercado

El calor es bueno para hacer panecitos
y merendar con chocolate caliente.

Haciendo pan

No hay nada mejor que ver tu casa
a lo lejos y saber que pronto llegarás al
calor de tu familia que te quiere.

Con un regalo, viene el calor del amor.

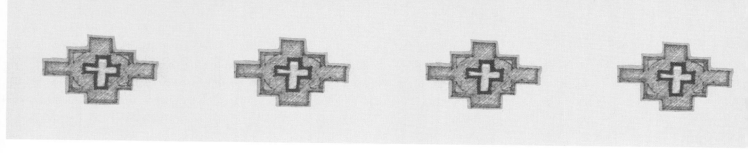

Regreso a casa

Papá dice que mestizo soy,
indio y español.
Por los dos lados, mi tierra
conoce el calor.

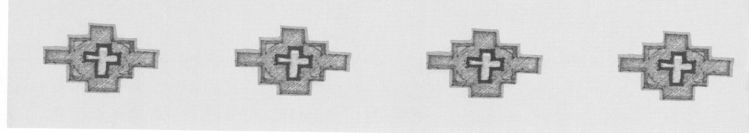

Artesanas de Taos

Cuando me pongo a pensar,
sé que el calor en mi corazón es el
amor que siento para todos
aquellos que han llenado mi vida de felicidad.

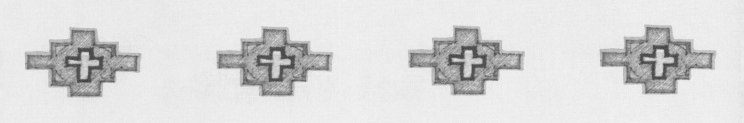

Autorretrato

Preguntas y actividades

1 La autora de esta selección habla de diferentes tipos de calor. ¿Cuáles son algunos de ellos?

2 ¿De qué país podría ser el protagonista de esta selección? ¿Por qué?

3 ¿Cuál crees que es el propósito de la autora?

4 ¿Cuál es la idea principal de esta selección?

5 Compara una de las ilustraciones de esta selección con la que aparece en la página 33. Asegúrate de mencionar detalles específicos de cada una de ellas.

Escribir un ensayo

En esta selección se habla de las comidas, las casas y las costumbres que le son familiares a la autora. Escribe un ensayo en el que las compares con las comidas y costumbres de tu familia o tu comunidad.

Hacer un menú

Menú

- ꙅꙅꙅ $1.75
- ꙅꙅꙅ $3.50
- ꙅꙅꙅ $1.25
- ꙅꙅꙅ $2.50

En la selección se habla de ciertos platos típicos como las tortillas, los panecitos y el chile guisado. Haz un menú con los platos que pudiera ofrecer un restaurante. Incluye tus platos preferidos. El menú debe tener el precio de cada plato y puedes también incluir dibujos de algunos de ellos.

Demostrar la relatividad de lo templado

Llena tres cazos de agua caliente, templada y fría respectivamente. Sumerge durante dos minutos la mano izquierda en el cazo de agua caliente y la derecha en el de fría. Luego, pon las dos manos en el agua templada. ¿Qué sientes en cada una?

Obtener más información

Averigua qué métodos han usado los seres humanos para protegerse del frío desde la prehistoria hasta ahora. Haz una lista en orden cronológico.

Árbol genealógico

Un **árbol genealógico** es un diagrama que representa las relaciones de ascendencia o descendencia en una familia. Elena Serna compuso este árbol genealógico donde aparecen los nombres de sus padres, abuelos y bisabuelos.

ÁRBOL GENEALÓGICO DE ELENA SERNA

Miguel — Carmen   Juan — Mercedes   Javier — Marta   Carlos — Esther

Miguel — Mercedes   Javier — María

Juan   José — Marta   Elena

Elena   Juan   Marta

Usa el árbol genealógico para responder a estas preguntas.

1 ¿Cuántos abuelos de Elena muestra el árbol genealógico?

2 ¿Cómo se llaman los padres de Elena?

3 ¿Cómo se llama la abuela de Elena del lado paterno?

4 ¿Cómo se llaman los dos bisabuelos de Elena del lado materno?

5 ¿De qué familiar seguramente le viene el nombre a Elena?

INDICACIONES:

Lee el texto. Luego lee cada una de las preguntas.

MODELO

Un viaje a la panadería

El Sr. Cuesta abrió la puerta y la clase entró en la panadería. El panadero llevaba un gran gorro blanco. Les dijo a los niños:

—Me levanto a las cuatro todas las mañanas para hornear galletas. Les dio una galleta a cada uno y agregó:

—Les voy a dar el secreto para hacer las mejores galletas.

Una niña del grupo le dijo a una amiga: —Nadie hace galletas mejor que mi mamá.

El panadero la escuchó y le preguntó: —¿Le pone tu mamá almendras a las galletas?

—¡Claro que sí! —dijo Jessica—. ¿Cómo lo sabe?

El panadero sonrió y le dijo: —¡Ése es el secreto de los buenos panaderos!

1 ¿Qué fue lo primero que pasó?

   ○ El panadero les dijo un secreto.

   ○ El Sr. Cuesta abrió la puerta.

   ○ Jessica sonrió.

   ○ El panadero le habló al grupo.

2 ¿Cómo se siente Jessica al final del cuento?

   ○ contenta

   ○ triste

   ○ agitada

   ○ orgullosa

¿Por qué son correctas tus respuestas?

63

Arte y Literatura

Las fotografías nos pueden servir para ver las cosas de otra manera. A través de la lente de una cámara fotográfica, un paisaje puede parecernos totalmente distinto.

~~~~~

¿De qué te imaginas que es esta fotografía? ¿Por qué crees que hay grietas en la tierra? Si lloviera, ¿cómo cambiaría este paisaje?

~~~~~

Observa de nuevo la fotografía. ¿En qué te hace pensar? ¿Por qué?

Dunas planas de Mesquite, Parque Nacional del Valle de la Muerte, Carl Clifton

Conozcamos a
Brenda Z. Guiberson

A Brenda Guiberson se le ocurrió la idea de escribir "Hotel Cactus" después de varias visitas a Arizona. El paisaje y los sonidos del desierto la cautivaron.

Guiberson disfruta buscando información y escribiendo cuentos para niños. "Cuesta pero es divertido y de vez en cuando aparecen sorpresas".

Conozcamos a
Megan Lloyd

Una gran parte del trabajo que realiza Megan Lloyd es de investigación. Cuando dibuja para ilustrar cuentos, Lloyd se informa sobre la indumentaria de los personajes y el tipo de luz del ambiente. "Con libros de no ficción mi investigación es más extensa. Voy al lugar geográfico en el que transcurre la historia".

Los libros la han llevado desde el Parque Nacional Saguaro, en Arizona (para preparar "Hotel Cactus") hasta un barco langostero en la costa de Maine.

HOTEL CACTUS

Brenda Z. Guiberson

Ilustraciones de Megan Lloyd

En un día caluroso y seco del desierto, una fruta bien roja cae desde lo alto de un cactus saguaro. *Plaf*. Se parte por la mitad sobre el suelo arenoso. Dos mil semillas negras brillan a la luz del sol.

Por la noche, cuando refresca, una vieja rata del desierto sale de su guarida y se come la sabrosa fruta. Luego se aleja correteando. Una semilla que cuelga de sus bigotes cae al pie de un paloverde.

Ha caído en buen lugar. Una ardilla que busca
algo para comer no la ve. Un pinzón que gorjea en lo
alto del paloverde tampoco.

Después de varios días secos, cae un chaparrón sobre el desierto. Pronto, brota un pequeño cactus del suelo.

Crece muy lentamente. El paloverde lo protege del intenso sol de verano y de las frías noches de invierno. Pasan diez años y el cactus sólo mide cuatro pulgadas. Lo justo para que las hormigas del desierto suban por entre las espinas.

Tras una tormenta, cuando el desierto se llena de
colores, el cactus absorbe agua por sus largas raíces y se
ensancha. Una joven rata del desierto se detiene a beber
el agua que gotea del árbol. Luego, sale corriendo en
busca de un lugar seco donde construir su madriguera.

Cuando no llueve, el cactus consume toda el agua que había almacenado en su interior y se encoge. El paloverde pierde sus diminutas hojas verdes. De todos modos, al cactus siempre le queda un poco de sombra. Pasan veinticinco años y el cactus mide dos pies de alto. Una liebre se detiene a su lado y le roe un pedazo de pulpa verde. En la distancia ve moverse a un coyote y desaparece por un hoyo cercano.

Después de cincuenta años el cactus mide diez pies y yergue muy recto y fuerte junto al viejo paloverde. Por primera vez, le brotan flores de color blanco y amarillo muy vivo. A partir de ahora cada primavera, se abrirán las flores cada noche y se volverán a cerrar con el calor del día siguiente. Son como señales de bienvenida a través del desierto. A diferentes horas del día y de la noche, pájaros, abejas y murciélagos vienen en busca de su néctar.

Las flores se secan y después de un mes la fruta de color rojo vivo con semillas negras ya está madura. Un pájaro carpintero viene a comérsela. Mira a su alrededor y decide quedarse.

Ha encontrado un lugar perfecto en el desierto para empezar a construir un hotel.

El pájaro carpintero se pone a trabajar. La única
herramienta que emplea es su pico largo y duro. *Toc,
toc, toc.* Perfora la pulpa del cactus. *Toc, toc, toc.* Sigue
perforando bien adentro hasta lograr un espacio amplio
y cómodo.

Al cactus no le pasa nada. Genera una costra dura
alrededor del hueco para evitar secarse. El pájaro
carpintero ha hecho un nido impermeable que le da
sombra en días calurosos y lo aísla de las noches
heladas. A cambio, el cactus también recibe algo: el
pájaro carpintero se come los insectos que podrían
causarle enfermedades.

A los sesenta años el Hotel Cactus mide 18 pies de alto. Para expandirse, le crece un brazo. Otro pájaro carpintero tiene un hueco en el tronco. Más arriba, una paloma de alas blancas hace su nido en el brazo del cactus. Y más abajo, una lechuza descubre un hueco viejo. Los pájaros se sienten protegidos porque viven en una planta alta con espinas donde nadie los puede alcanzar.

Por todo el desierto se ven hoyos de todos los tamaños, para hormigas y ratones, lagartijas y serpientes, liebres y zorros. Tras ciento cincuenta años, en el cactus también hay agujeros de todos los tamaños. Por fin, la planta gigante ha dejado de crecer. Mide cincuenta pies y tiene siete largos brazos. Pesa ocho toneladas, más o menos como cinco carros juntos.

Todo el mundo quiere
vivir en el Hotel Cactus. Los
pájaros ponen huevos y las ratas
cuidan de sus crías. Inclusive
insectos y murciélagos viven en él.

Cuando un animal se marcha,
otro viene a vivir en el cactus. Y
cada primavera se dan un festín con
el néctar y las sabrosas frutas rojas.

Finalmente, después de doscientos años, ya viejo, el cactus se bambolea con una ráfaga de viento y cae estrepitosamente sobre el suelo arenoso. Los grandes brazos cubiertos de espinas se le despedazan con el golpe.

Las criaturas que vivían en su interior deben buscar otra casa. Rápidamente, otras que prefieren vivir al nivel del suelo ocupan su lugar. Un milpiés, un escorpión y muchas hormigas y termitas corren a buscar un hogar en este hotel desmoronado.

Pasan muchos meses y lo único que queda del cactus
es el esqueleto de madera que permitía que el cactus se
mantuviera erecto. Una lagartija corretea por encima
buscando insectos. Una serpiente se enrosca en la sombra.

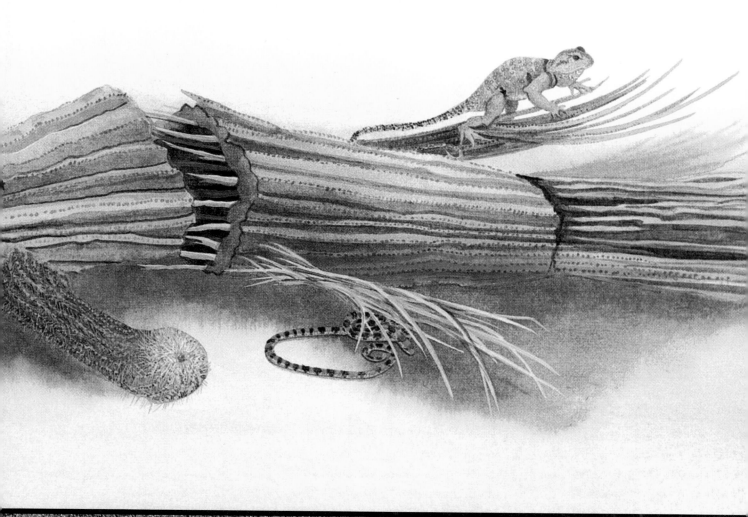

Y en los alrededores, hay un bosque de cactus que crece lentamente en el desierto. Con el calor y con el frío, en clima seco o húmedo, algunos cactus vivirán lo sufiente para convertirse en nuevos hoteles.

Preguntas y actividades

1 ¿De qué manera ayuda el pájaro carpintero al cactus?

2 ¿Cómo cambia un cactus joven después de una tormenta?

3 ¿Por qué el cactus saguaro de esta lección es como un hotel?

4 ¿Cuál es la idea principal de esta selección?

5 "El pintorcito de Sabana Grande" trata acerca de una comunidad panameña. ¿De qué manera "Hotel Cactus" también habla de una comunidad?

Escribir un informe

Diferentes animales usan el cactus saguaro de distintas maneras. Escribe un informe comparando esas maneras. Incluye detalles que demuestren tus opiniones.

Hacer un cartel

Busca información sobre los desiertos en una enciclopedia. Elige uno para estudiarlo. Anota datos tales como la temperatura media y la cantidad de lluvia del lugar. Averigua qué plantas y animales viven en el desierto. Con lo que has aprendido, haz un cartel con ilustraciones.

Siluetas del desierto

Observa las ilustraciones en la parte superior e inferior de las páginas de esta selección. Verás siluetas, o perfiles en negro, de criaturas y plantas del desierto. Luego, dibuja algunas. Para ello, primero corta una cartulina negra con formas de animales o plantas del desierto y después pégalas en una cartulina de color.

Obtener más información

Elige un árbol o una planta de tu vecindario. ¿Cuántos organismos viven en el árbol o en la planta? Con un adulto, obsérvalos a distintas horas del día y toma notas. Haz un dibujo que explique tus observaciones.

Leer una tabla

Las **tablas** contienen muchos tipos de información. A continuación hay una tabla que informa sobre tres tipos de cactus que crecen en el sudoeste de Estados Unidos.

Tipos de cactus en el sudoeste

Cactus	Características	Lugar	Uso
cactus cholla	• tronco negro • ramas cubiertas de espinas • altura media: de 4 a 6 pies	• Nuevo México	• el ganado se alimenta con el tallo
cactus saguaro	• filamentos leñosos • altura media: 50 pies	Arizona	• con el tallo se fabrican materiales de construcción
cactus barril	• crece en grupos • flores rojas y amarillas • altura media: $6\frac{1}{2}$ pies	Arizona	• para obtener agua en el desierto

Usa la tabla para responder a las preguntas.

1 ¿Qué información hay en la primera columna?

2 ¿A qué especie de cactus se refiere la segunda fila?

3 ¿Para qué se usa el cactus barril?

4 ¿Cuánto crece por lo general un cactus cholla?

5 ¿Qué cactus te parece más interesante? ¿Por qué?

INDICACIONES:

Lee el texto. Luego lee cada una de las preguntas.

MODELO

David y el reparto de periódicos

En el cesto de su bicicleta David podía llevar periódicos. Su hermano Bob se iba de campamento por una semana y David iba a reemplazar a Bob en el reparto de periódicos. Si le gustaba el trabajo, David iba a tratar de conseguir un reparto propio.

Un sábado, el primer día de trabajo, David se cayó de la bicicleta. Tres periódicos fueron a dar en el barro y se arruinaron. El martes se dio cuenta de que estaba repartiendo periódicos del lunes y tuvo que empezar de nuevo. El jueves lo persiguió un perro.

Cuando Bob volvió del campamento, le pagó a David y le agradeció su ayuda.

—David, los Wilsons me invitaron a acampar la semana próxima. ¿Me ayudarás con el reparto? —le preguntó Bob.

1 Debido a lo que le pasó en el reparto, tal vez David:

○ le devuelva el dinero a Bob.

○ busque otro trabajo.

○ compre una bicicleta nueva.

○ dé un paseo en bicicleta.

2 ¿Qué fue lo último que sucedió?

○ A David lo persiguió un perro.

○ Bob le pagó por su ayuda.

○ Bob se fue de campamento.

○ David compró una bicicleta.

Arte y Literatura

En esta pintura hay mucho movimiento. Observa las curvas y líneas que usó el pintor para representar las olas. Con ellas logró dar la sensación de un océano en constante movimiento.

Observa la pintura. ¿Qué podrías decir sobre ella? ¿Qué están haciendo las ballenas? ¿Qué crees que siente el pintor por las ballenas? Explica tu respuesta.

¿Qué colores usó el pintor? ¿En qué otros detalles te fijaste?

Celebración de las ballenas, Liz Wright

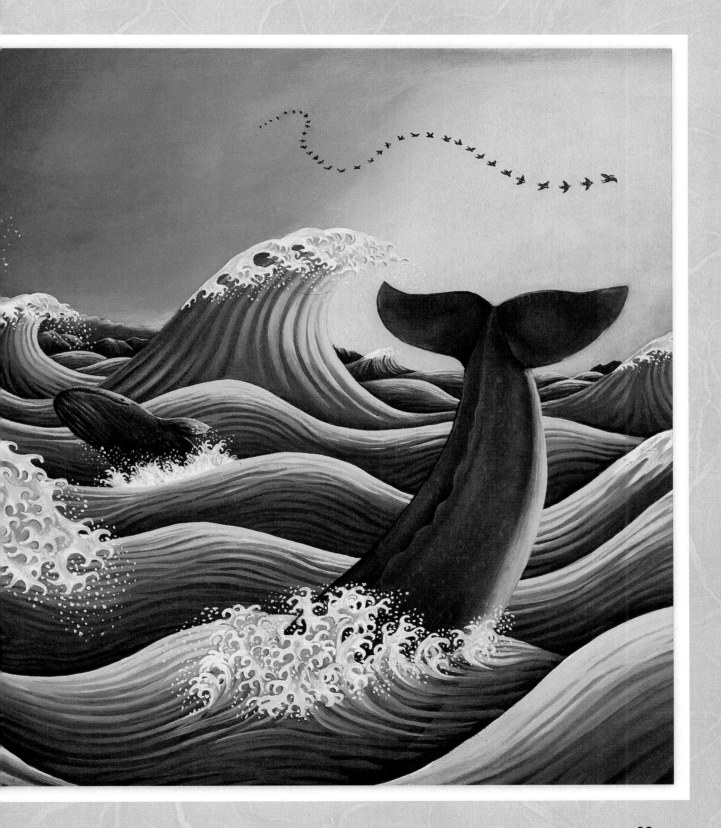

Conozcamos a Nicola Davies

Nicola Davies vive en Inglaterra. Es licenciada en zoología, es decir, el estudio de los animales. Davies se considera una persona dichosa, pues ha tenido la oportunidad de hacer estudios sobre las ballenas azules, las yubartas y los cachalotes en su medio natural: el océano.

A veces es difícil encontrar ballenas azules, según Davies. "A diferencia de la yubarta, la ballena azul emite su intenso chillido muy esporádicamente, por lo que poder localizar a una de ellas es todo un acontecimiento."

Conozcamos a Nick Maland

Desde pequeño, Nick Maland quería ser actor. En cierta ocasión, sin embargo, le pidieron que diseñara la escenografía y los afiches para una obra de teatro. Entonces descubrió que prefería la pintura a la actuación y comenzó su carrera de ilustrador.

Maland se dedicó durante 12 años a ilustrar libros para adultos, antes de comenzar a ilustrar libros infantiles.

LA BALLENA
AZUL

Nicola Davies
Ilustraciones de **Nick Maland**

La ballena azul es enorme.

Es más grande que una jirafa.

Es más grande que un elefante.

Es más grande que un dinosaurio.
¡La ballena azul es
el animal más grande
que jamás haya existido
en la Tierra!

Las ballenas azules hembras son un poco más grandes que los machos.

Las ballenas azules pueden medir 100 pies de largo y pesar 150 toneladas; ese peso es equivalente al peso de 25 elefantes o al de 115 jirafas.

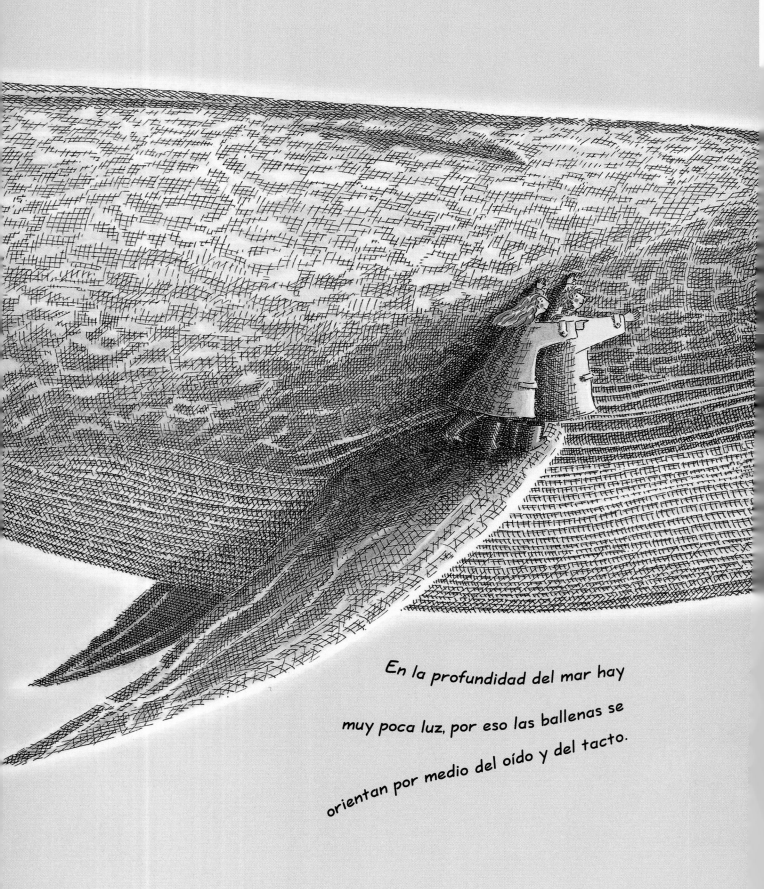

En la profundidad del mar hay muy poca luz, por eso las ballenas se orientan por medio del oído y del tacto.

Si tocas la piel de una ballena azul, hallarás que es suave y elástica como un huevo duro sin cáscara y resbalosa como un jabón mojado.

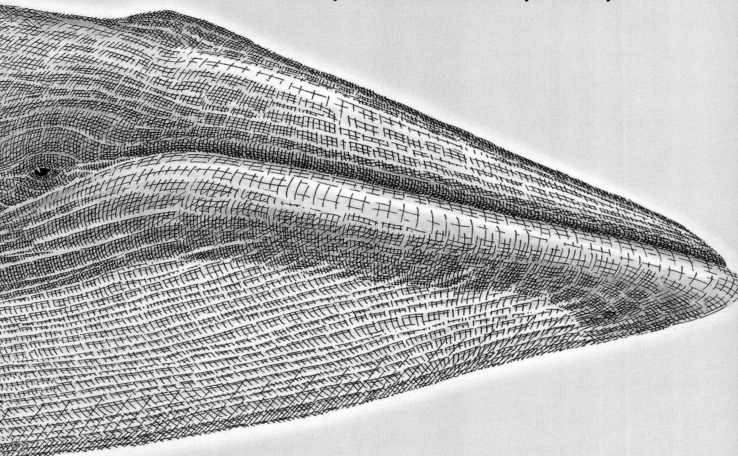

Mira sus ojos.
Son grandes como tazas de té y oscuros como las profundidades del océano. Detrás de cada ojo hay un orificio tan pequeño como el extremo de un lápiz. Ese orificio es el oído de la ballena. Orejas grandes y salientes dificultarían la natación.

La ballena azul pasa toda su larga vida en el mar.
Pero es un mamífero —como nosotros— y por eso respira
aire y no agua.

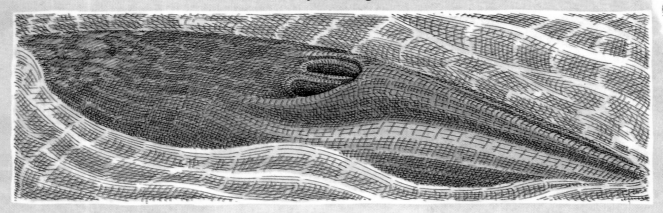

De vez en cuando, la ballena sale a la superficie del agua
y respira por el orificio (espiráculo, narina) que está en la
parte de arriba de su cabeza.

Las ballenas azules viven entre 70 y 80 años.

Cuando exhala, resopla
y expulsa un chorro de agua alto
y nebuloso, grande como
una casa. Puedes ver este chorro
desde muy lejos. También
lo puedes oír:

PUUUFFF.

Y si te acercas lo suficiente, lo
puedes oler; huele a pescado rancio.

Una ballena azul puede permanecer bajo el agua 30 minutos
y aún más, pero en una larga travesía sale a la superficie a
respirar después de 2 a 5 minutos de inmersión.

La ballena azul puede llegar a tener 790 barbas en la boca. Las barbas son de un material duro pero flexible, como las uñas.

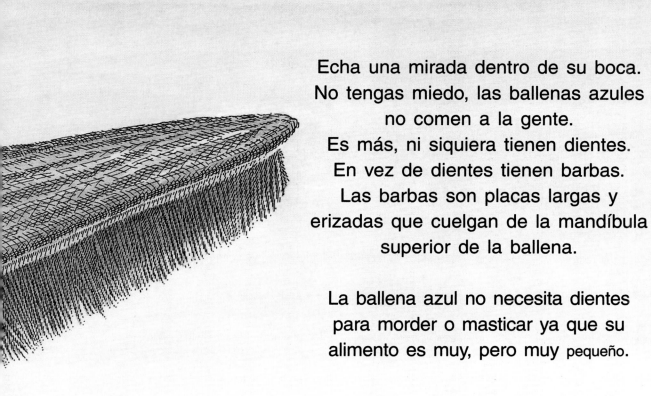

Echa una mirada dentro de su boca.
No tengas miedo, las ballenas azules
no comen a la gente.
Es más, ni siquiera tienen dientes.
En vez de dientes tienen barbas.
Las barbas son placas largas y
erizadas que cuelgan de la mandíbula
superior de la ballena.

La ballena azul no necesita dientes
para morder o masticar ya que su
alimento es muy, pero muy pequeño.

La ballena azul se alimenta de krill. El krill es de color rosa pálido y parecido a un camarón, no más grande que tu dedo meñique.

Hay millones de toneladas
de krill en las heladas aguas de
los mares que rodean a los
polos Norte y Sur. En verano
puede haber tantos, que las
aguas se tornan rojizas. Es
entonces cuando las
ballenas van a comer a los
mares polares.

Se necesita una gran cantidad
de krill para alimentar a una
ballena azul. Ella no los atrapa
uno por uno. La ballena tiene
una manera especial de tragarse
varias colonias de krill de una
sola vez.

Primero toma una enorme bocanada de krill y agua salada. Hay espacio suficiente, pues su garganta se abre y se extiende como si fuera un globo gigantesco.

Durante el verano la ballena azul desarrolla una gruesa capa de grasa que cubre todo su cuerpo. Esta capa de grasa, llamada esperma, es la reserva de alimento que la ballena acumula para el invierno, estación en la que come muy poco.

Luego expulsa el agua por entre sus barbas empujándola con su enorme lengua. El agua sale y el krill queda atrapado en las barbas como el grano en una criba. Para comérselo, lo único que tiene que hacer la ballena es lamerlo y tragarlo.

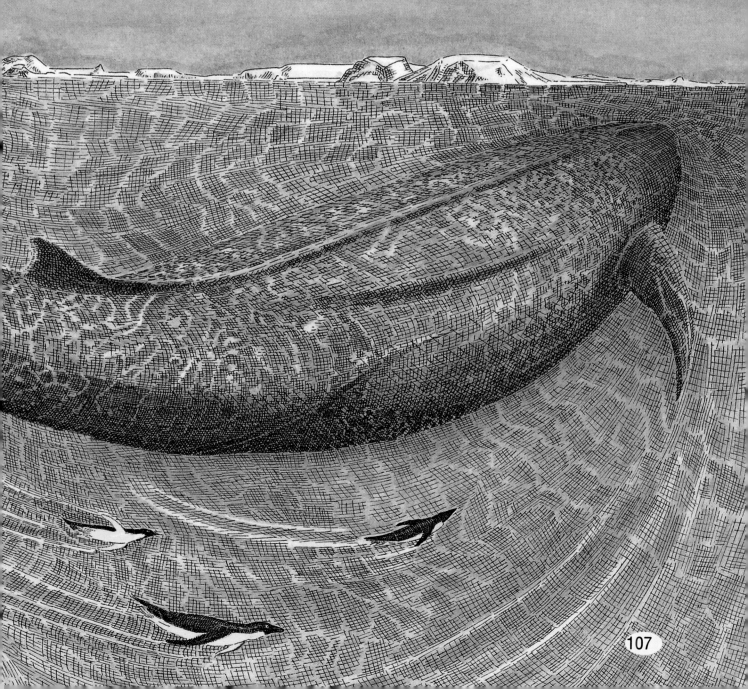

Así es como la ballena azul pasa el verano: comiendo krill y engordando. Pero en otoño los mares polares se congelan. El krill se oculta bajo el hielo, adonde las ballenas no pueden llegar. Las ballenas nadan para alejarse del frío helado y de las tormentas de invierno.

Día tras día las ballenas nadan, lenta y resueltamente, hacia sus invernales moradas. Su enorme cola se alza y cae sobre las aguas para impulsarla hacia adelante. Sus aletas son el timón que la guían a la izquierda o a la derecha.

La ballena nada durante dos meses hasta que llega a las cálidas aguas ecuatoriales.

Allí pasa el invierno.

Algunas ballenas azules se quedan alrededor del polo Sur durante el verano. Después nadan hacia el norte hasta el ecuador, donde pasan el invierno.

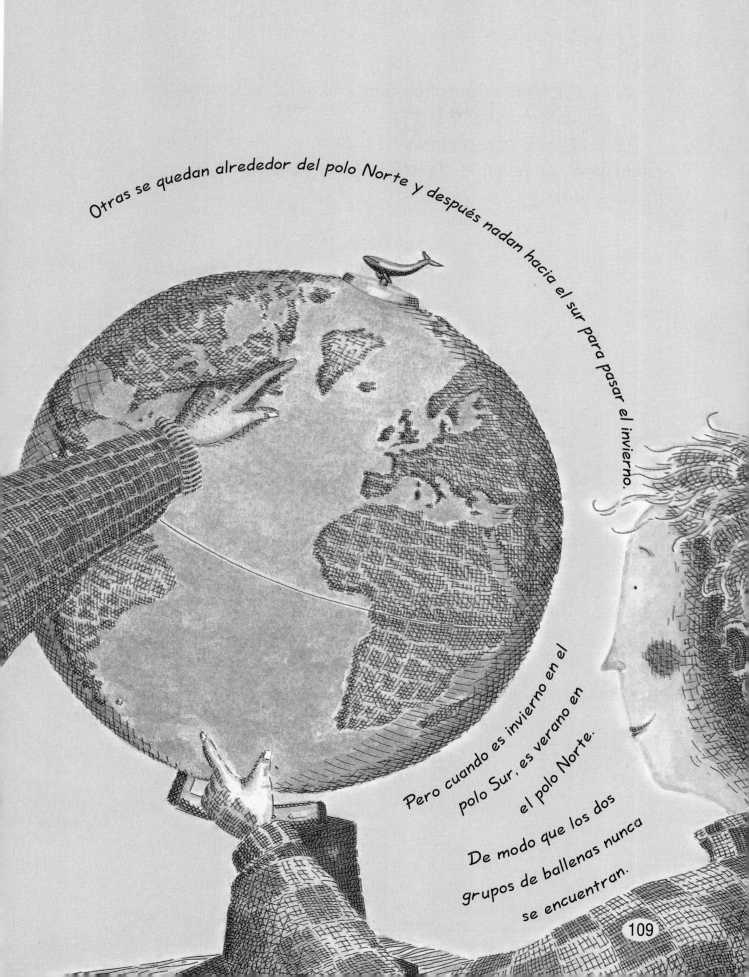

Otras se quedan alrededor del polo Norte y después nadan hacia el sur para pasar el invierno.

Pero cuando es invierno en el polo Sur, es verano en el polo Norte.

De modo que los dos grupos de ballenas nunca se encuentran.

Allí es donde las ballenas dan a luz sus ballenatos, lejos de las tormentas y el frío.

La cría nace cola primero. La ballena madre la empuja cariñosamente hacia la superficie para que respire por primera vez.

Las ballenas se aparean durante el invierno y luego se separan. Los ballenatos nacen un año después.

Luego la cría se coloca debajo de su madre para mamar por primera vez.

A lo largo de todo el invierno, el ballenato nada cerca de su madre y se alimenta de su cremosa leche mientras crece y crece.

En la primavera van juntos a los mares polares para darse un festín de krill. Para el otoño, la cría es lo suficientemente grande como para valerse por su cuenta.

De modo que la madre y su cría se separan e inician el largo camino hacia el ecuador, cada una por su lado.

Un ballenato mide 23 pies de largo al nacer. Toma más de 150 galones de leche por día.

Las ballenas adultas emiten sus chillidos en aguas profundas. Allí hace mucho más frío que en la superficie, lo que permite que el chillido recorra mayor distancia.

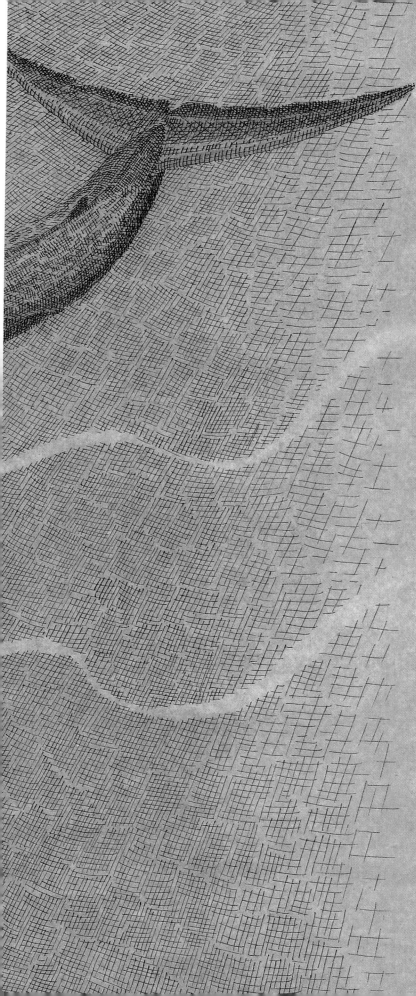

La ballena azul puede hacer el trayecto de ida y vuelta desde los mares polares hasta el ecuador todos los años de su vida. A veces nada junto a otras ballenas, pero la mayoría de las veces nada sola.

Sin embargo, la ballena azul no está tan sola como parece. De vez en cuando, emite un chillido tan intenso y de baja frecuencia, que puede recorrer miles de millas a través de los océanos y ser oído por otras ballenas. Sólo un sonido de muy baja frecuencia puede viajar tan lejos.

Quizás porque las ballenas azules son los animales más grandes de la Tierra pueden comunicarse entre sí, no importa cuán separadas estén. ¡Quién sabe qué es lo que dicen! "¡Hola, aquí estoy!" sería suficiente….

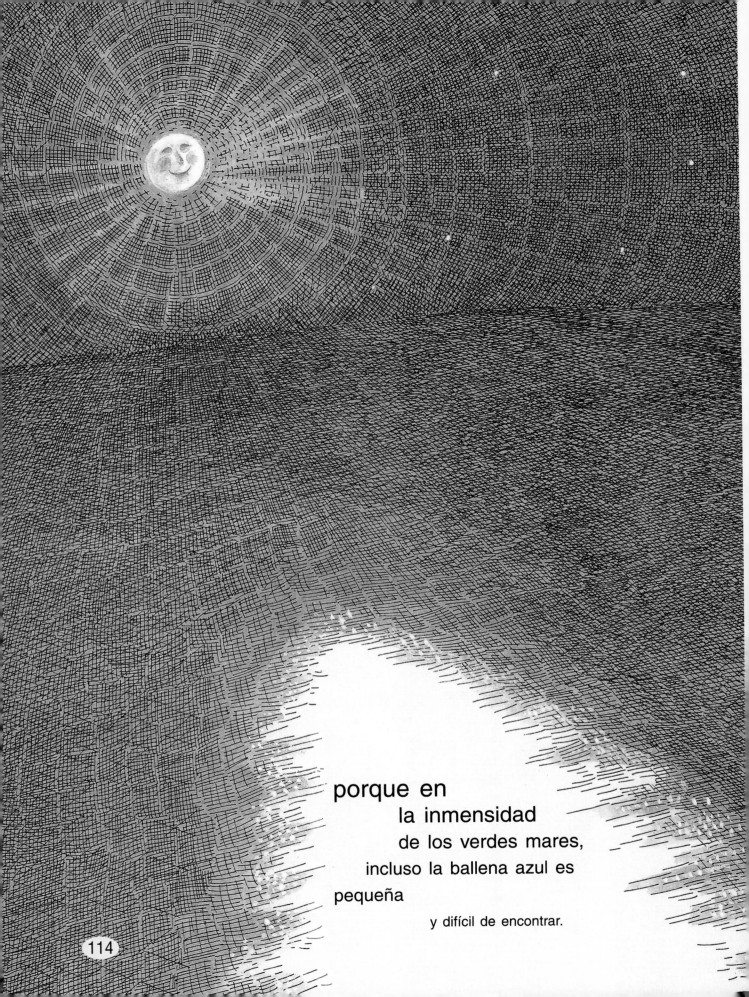

porque en
 la inmensidad
 de los verdes mares,
 incluso la ballena azul es
pequeña
 y difícil de encontrar.

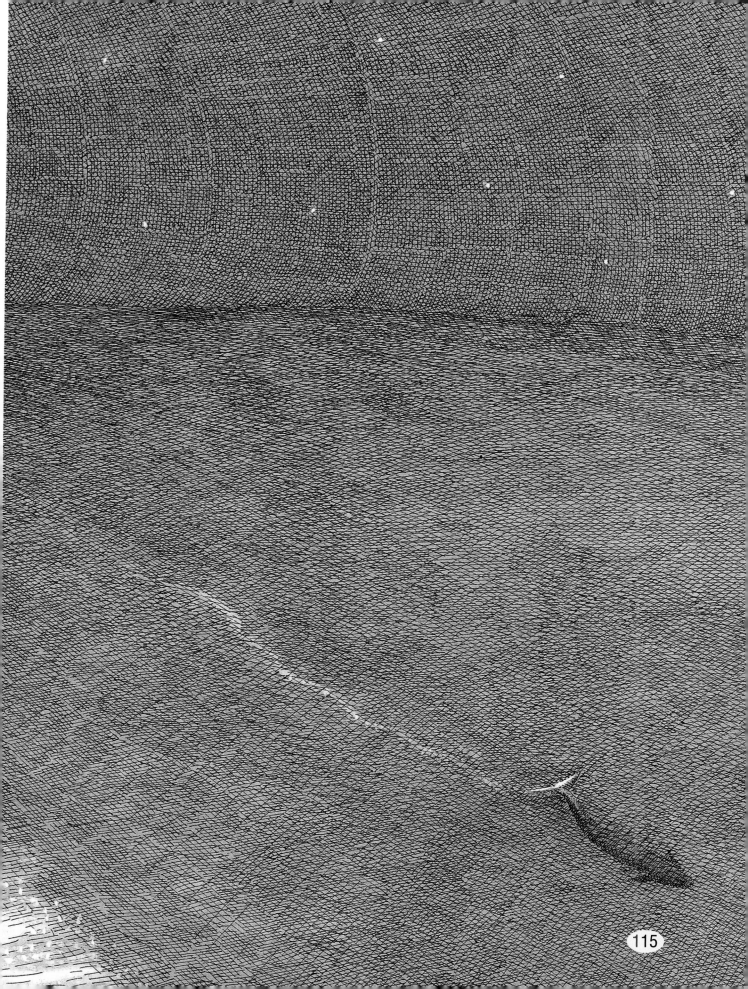

Preguntas y actividades

1 ¿Cómo se orientan las ballenas azules cuando están bajo el agua?

2 ¿Cómo se alimenta la ballena azul?

3 ¿Crees que la ballena azul es una animal solitario? ¿Por qué?

4 ¿Cuál es la idea principal de esta selección?

5 Mira otra vez las ilustraciones de "La ballena azul" y "Hotel Cactus". ¿Te gusta que en los dos cuentos aparezcan dibujos en lugar de fotografías? ¿Por qué?

Escribir un cuento

Escribe un cuento sobre una ballena azul hembra y su cría. Incluye detalles que muestren sus diferencias y semejanzas.

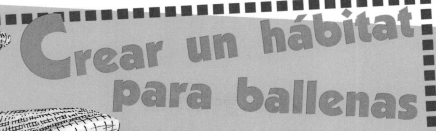

Crear un hábitat para ballenas

Diseña un hábitat para una ballena azul dentro de una caja de zapatos. Recorta fotos del mar que aparezcan en revistas. Haz o dibuja cosas que podría haber allí. (No te olvides de incluir una ballena azul.)

Álbum de crías de ballenas

Haz un álbum que muestre momentos importantes en la vida de un ballenato. Incluye datos que aparezcan en esta selección. Ilustra tu álbum con dibujos.

Obtener más información

La ballena azul se encuentra en peligro de extinción. Busca datos sobre otro animal en peligro de extinción, tal como el águila de cabeza blanca o el lobo rojo. Averigua también qué se puede hacer para proteger a esos animales.

Leer una gráfica

Una **gráfica de barras** emplea barras de distintas longitudes para representar cantidades. Esta gráfica de barras representa la longitud de cinco tipos de ballena.

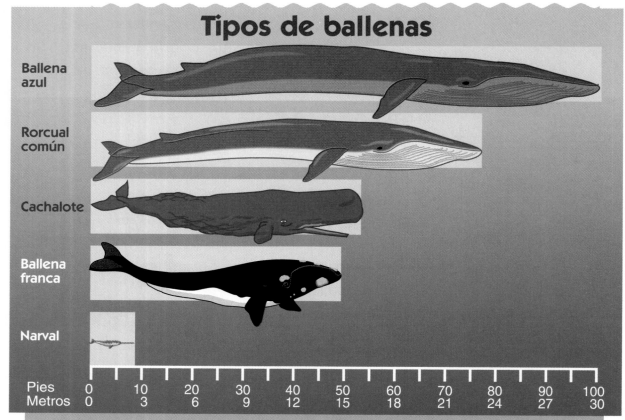

Tipos de ballenas

Ballena azul

Rorcual común

Cachalote

Ballena franca

Narval

| Pies | 0 | 10 | 20 | 30 | 40 | 50 | 60 | 70 | 80 | 90 | 100 |
| Metros | 0 | 3 | 6 | 9 | 12 | 15 | 18 | 21 | 24 | 27 | 30 |

Usa la gráfica para responder a las siguientes preguntas:

1 ¿Cuántos metros mide el rorcual común?

2 ¿Qué ballena de la gráfica es más pequeña?

3 ¿Cuánto mide la ballena más larga de la gráfica?

4 ¿Cuántos pies menos mide la ballena franca que el cachalote?

5 ¿Serviría una gráfica de barras para representar cuánto viven los diferentes tipos de ballenas? Explica tu respuesta.

Sugerencia para exámenes

Recuerda que cada pregunta tiene sólo una respuesta adecuada.

INDICACIONES:

Lee el texto. Luego lee cada una de las preguntas.

MODELO

El primer vuelo

17 de mayo

¡Mi primer viaje en avión! Papá, Marta y yo llegamos al aeropuerto una hora antes de la salida del avión. Nos hicieron preguntas sobre el equipaje y vimos cómo nuestras maletas se alejaban en un carro. Antes de subir pasamos por un "detector de metales". Fue interesante ver todas las máquinas que usan en el aeropuerto. Lo que más me gustó fue el despegue del avión.

2 de junio

¡No he tenido tiempo de escribir! Cuando aterrizamos en Orlando el avión se sacudió bastante. Todo lo demás estuvo sensacional. Ahora estamos en el avión de regreso. Después de despegar me pareció que subíamos más rápido que la primera vez. ¡Aquí nos traen el almuerzo!

1 ¿Qué fue lo primero que pasó el 2 de junio?

○ Nos dieron el almuerzo.

○ Hicimos las maletas.

○ Contestamos preguntas.

○ El avión despegó.

2 ¿En qué lugar escribe el autor del diario?

○ en el aeropuerto

○ en la casa de la abuela

○ en Orlando, Florida

○ en un avión

Algunas pinturas se concentran en un detalle de lo que podría ser toda la obra. Te hacen pensar en por qué el artista eligió hacer esa pintura.

Mira la pintura. ¿Qué puedes decir acerca de ella? ¿Qué puede haber pasado para que la persona sostenga la pata del animal? ¿Qué ocurrirá luego? Explica tus respuestas.

Mira otra vez la pintura. ¿Qué crees que trató de mostrar el artista? ¿Por qué?

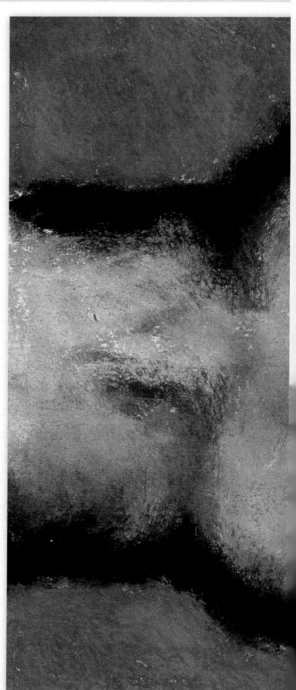

Pata,
Darren Harris

120

TIME FOR KIDS

INFORME ES

Un día importante para J.J.

Regresa al océano un ballenato criado por humanos.

J.J. vuelve a casa

Una mañana de invierno, una cría de ballena gris de no más de una semana de vida, apareció varada en una playa de California. Un equipo de científicos la examinó: estaba enferma, hambrienta y cansada. Los científicos no sabían qué darle de comer. Pero sabían que tenían que cuidar de ella. Si se recuperaba, la devolverían al océano.

La ballena fue trasladada a Sea World, en San Diego. "De pronto nos vimos cuidando la pequeña ballena", dice Jim Sumich, un científico que estudia las ballenas.

Llamaron a la ballena J.J. Tenía que aumentar de peso para ponerse fuerte. Así que los expertos de Sea World le prepararon una comida rica en grasas. Esta comida tenía que reemplazar la leche que le daba su madre. Usaron crema, almejas y leche en polvo.

FOTOS DE: KEN BOHN/SEA WORLD

El "batido J.J." se hace con crema, almejas y leche.

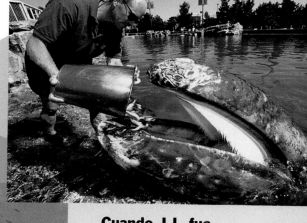

Cuando J.J. fue creciendo, le cambiaron la dieta a calamares y pescado.

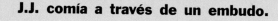

J.J. comía a través de un embudo.

123

¡J.J. creció muy rápido! Engordaba dos libras por hora. Ya estaba lista para regresar al océano. Sin embargo, había dos problemas serios. Hasta entonces, J.J. no había tenido que buscarse su propia comida. Además, había pasado mucho tiempo sin mantener ningún contacto con otras ballenas. "Puede pasar de todo", dijo Keith Yip, un cuidador de animales de Sea World. "Nunca se ha hecho nada igual".

Los trabajadores de Sea World soltaron a J.J. en marzo. Durante esa época del año, las ballenas grises viajan hacia el norte del océano Pacífico. J.J. podría seguir a las demás ballenas grises. Éstas podrían enseñarle a conseguir alimentos.

1. J.J. es cargada en un camión especial.
2. El camión transporta la ballena al océano.
3. J.J. es depositada con cuidado en el agua.

¿LO SABÍAS?
BALLENAS ASOMBROSAS

◆ Las ballenas no son peces. Son mamíferos.

◆ La cola de los peces se mueve de un lado a otro. La cola de las ballenas se mueve de arriba a abajo.

◆ La ballena más grande es la ballena azul. Puede medir hasta 100 pies de largo. La ballena más pequeña es la beluga, cuya longitud es de 10 pies.

◆ Las ballenas tienen pulmones. Toman el oxígeno del aire.

◆ La mayor parte de las ballenas grandes reciben el nombre de ballenas misticetas. Estas ballenas no tienen dientes. Filtran su alimento a través de unas barbas.

◆ Otros tipos de ballena sí tienen dientes y se alimentan de pescado.

J.J. vivía dentro de un gran acuario en Sea World. Puedes comparar su tamaño con el del buzo y apreciar sus enormes dimensiones.

¿Cómo se transporta una ballena al océano? ¡Con mucho cuidado! No hay que olvidar que J.J. pesaba 19,200 libras y que tenía una longitud de 31 pies.

Por eso fue necesario transportar a J.J. en un camión especial. Durante el recorrido de 11 millas, Keith Yip acariciaba el morro abultado de J.J. Se quedó mirándole sus enormes ojos. "Era mi manera de despedirme", dijo.

Luego, un barco llevó a J.J. hasta un lugar seguro a varias millas de la playa. Allí, se descargó cuidadosamente a J.J. Los científicos esperan que se haya unido a otras ballenas y que no tenga demasiados problemas.

INVESTIGA

Visita nuestra página web:
www.mhschool.com/

CONEXIÓN
*inter*NET

Basado en un artículo de *TIME FOR KIDS*.

Preguntas y actividades

1. ¿Adónde llevaron a J.J. tras encontrársela en una playa de California?

2. ¿Qué hizo que J.J. engordara dos libras por hora? Explica tu respuesta.

3. ¿Por qué crees que las personas que la cuidaron quisieron devolverla al océano cuando ya estaba recuperada?

4. ¿Cuál es la idea principal de la selección?

5. ¿Qué podría J.J. explicar a la ballena de "La ballena azul" de su vida en Sea World?

Escribir un cuento

Escribe un cuento en el que compares y contrastes la vida de J.J. en el Sea World y en el océano. Haz al menos tres comparaciones.

126

Diseñar un menú de almuerzo

Busca información sobre la alimentación sana. Luego diseña un menú de almuerzo que te gustaría comer. Debe contener proteínas, carbohidratos, frutas y verduras. Explica por qué es un menú sano y a la vez apetitoso.

Escuchar el canto de las ballenas

Busca en la biblioteca una grabación con el canto de las ballenas. Escúchala con atención. Luego escribe qué crees que se dicen las ballenas. Ilustra el diálogo con un dibujo del tipo de ballena de la grabación.

Obtener más información

Las ballenas grises se marchan de la costa de California cada marzo. Busca en una enciclopedia o en Internet datos sobre su migración. Luego haz un mapa con su ruta y cuélgalo en un tablero.

Océano Pacífico

California

Leer una gráfica

Una **gráfica** representa una relación entre datos que cambian.
En la gráfica se anotan los cambios.

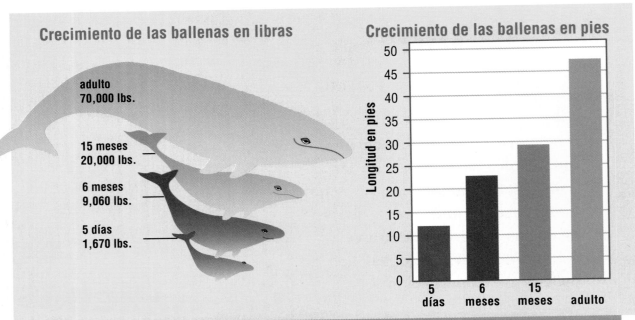

Crecimiento de las ballenas en libras

adulto
70,000 lbs.

15 meses
20,000 lbs.

6 meses
9,060 lbs.

5 días
1,670 lbs.

Crecimiento de las ballenas en pies

Utiliza la información de la gráfica para responder a las siguientes preguntas.

❶ ¿Que tipo de gráfica se usa para representar el crecimiento en pies de una ballena gris?

❷ ¿Cuánto mide y cuánto pesa una ballena gris adulta?

❸ ¿Cómo cuántas libras aumenta de los 6 a los 15 meses?

❹ ¿A qué edad una ballena gris mide la mitad de una adulta?

❺ ¿Crees que todas las ballenas grises miden 30 pies y pesan 20,000 libras cuando tienen 15 meses? ¿Por qué?

Sugerencia para exámenes

Verifica tu comprensión del cuento a medida que lo leas.

INDICACIONES:

Lee el texto. Luego lee cada una de las preguntas.

MODELO

¿Qué está cayendo del cielo?

—¡Mira, tío Nick, todas esas semillas con alas!

Antonio y su tío estaban caminando por el parque. Cientos de semillas caían girando desde los árboles. Antonio recogió algunas y preguntó:

—¿Puedo llevarlas a casa y ponerlas en mi caja de madera?

El tío Nick le dijo: —En tu caja las semillas no van a crecer. Todos estos arces salieron de semillitas como ésas.

Antonio miró las semillas y dijo: —Yo quiero que lleguen a ser árboles—. Después sonrió.

Antonio guardó tres semillitas y se las llevó a su casa. Las plantó y las regó con cuidado. Seis semanas más tarde, aparecieron tres brotecitos verdes en la tierra del jardín.

1   Los brotecitos aparecieron porque:

   ○ las semillas estaban creciendo.

   ○ un animal las desenterró.

   ○ la tierra era mala.

   ○ los brotes eran de juguete.

2   ¿Cómo se sintió Antonio al ver caer las semillas?

   ○ sorprendido

   ○ contento

   ○ desalentado

   ○ cansado

Lupa

Lupa,
camino hacia la grandeza
de las pequeñas cosas.

Clarisa Ruiz

Usa el ingenio

Piensa

Piensa... piensa... piensa...
te preguntaré.
¿Hay acaso estrellas
cuando el sol se ve?

Piensa... piensa... piensa...
te preguntaré.
¿Podrá hablar un loro
chileno en inglés?

Piensa... piensa... piensa...
te preguntaré.
En una terraza
van en fila hormigas,
si una se desvía
¿lo hacen sus amigas?

Piensa... piensa... piensa...
te preguntaré.
¿Cómo sabe un barco
que no va al revés?

Piensa... piensa... piensa...
te preguntaré.
Si pica una abeja
¿picará otra vez?

Piensa... piensa... piensa...
te preguntaré.
Una lagartija
se cortó su cola
¿por qué quedó ésta
moviéndose sola?

Piensa... piensa... piensa...

No

    te

        lo

           diré.

María Luisa Silva

Arte y *Literatura*

Ésta es una máscara indígena norteamericana que representa una cabeza de lobo. La hizo un artista de la costa oeste del Canadá hace más de cien años.

Observa la máscara. ¿Qué podrías deducir de la persona que la hizo? ¿Para qué crees que la usaban? ¿Por qué crees que se hacían máscaras representando a ciertos animales?

Imagínate que te pones esta máscara. ¿Qué te haría sentir? ¿Por qué?

Máscara *makah* de lobo, finales del siglo XIX
Museo Burke de Cultura e Historia Natural, Seattle, Washington

Abuelita Lobo

LA CAPERUCITA ROJA DE LA CHINA

ED YOUNG

Había una vez una mujer que vivía sola en el campo con sus tres hijas, Shang, Tao y Paotze. En el día del cumpleaños de la abuelita, la buena madre fue a visitarla. Dejó a las tres hijas en casa.

Antes de irse, les dijo:
—Pórtense bien mientras yo no esté, mis amadas hijas. Esta noche no voy a regresar. No se olviden de cerrar y trancar bien la puerta en cuanto anochezca.

Pero un viejo lobo vivía cerca y había visto partir a la

madre. Al anochecer, llegó hasta la casa de las niñas, disfrazado de viejecita. Tocó dos veces a la puerta: toc, toc.

Shang, la mayor, preguntó a través de la puerta trancada: —¿Quién es?

—Mis amores —dijo el lobo—, soy yo, la abuelita.

—¡Abuelita!, mamá fue a visitarte —dijo Shang.

El lobo, haciéndose el sorprendido, dijo: —¿A visitarme? No la encontré por el camino. Debe de haberse ido por otro lado.

—Abuelita —dijo Shang—. ¿Por qué vienes tan tarde?

El lobo respondió: —El viaje es largo, niñas mías, y el día es muy corto.

Shang escuchaba a través de la puerta.

—Abuelita —preguntó—, ¿por qué tienes la voz tan ronca?

—La abuelita está resfriada, mis queridas niñas, y aquí afuera está oscuro y muy ventoso. Abran rápido la puerta y dejen que la abuelita entre —respondió el astuto lobo.

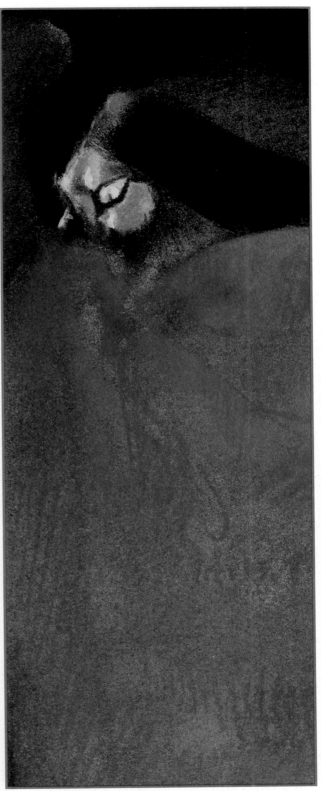

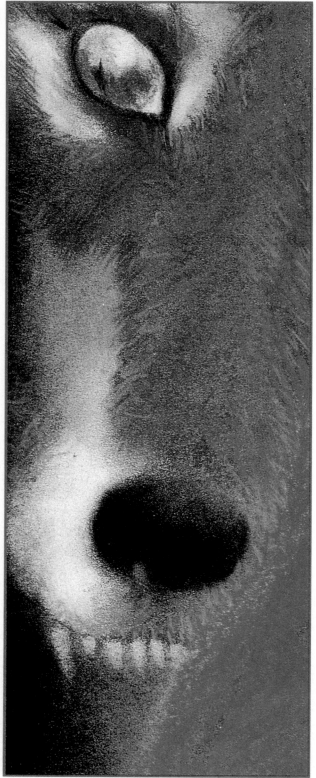

Tao y Paotze no pudieron esperar. Una le quitó la tranca a la puerta y la otra la abrió.

—¡Entra, abuelita, entra! —exclamaron.

Apenas entró, de un soplido, el lobo apagó la vela.

—Abuelita —preguntó Shang—, ¿por qué apagaste la vela? Ahora nos quedamos a oscuras.

El lobo no respondió.

Tao y Paotze corrieron para abrazar a su abuelita. El viejo lobo abrazó a Tao y exclamó:

—Mi niña, ¡qué gordita estás!

Luego, le dio un gran abrazo a Paotze.

—Niña mía —suspiró—, ¡pero qué encantadora te has puesto!

Enseguida, el viejo lobo fingió que tenía mucho sueño y empezó a bostezar.

—Ya todos los pollitos están en el gallinero —dijo—, la abuelita también tiene sueño.

Cuando el lobo saltó a la gran cama, Paotze se metió

a un lado y Shang y Tao se acostaron en el otro lado.

Al estirarse, Shang tocó la cola del lobo.

—Abuelita, abuelita —dijo asustada—, ¡tienes un arbusto enredado en los pies!

—La abuelita trajo unas fibras de cáñamo para tejerles una canasta —dijo el lobo.

Shang tocó las afiladas garras de la abuelita y dijo:
—Abuelita, abuelita, tienes espinas en las manos.

—La abuelita trajo un punzón para hacerles unos zapatos —dijo el lobo.

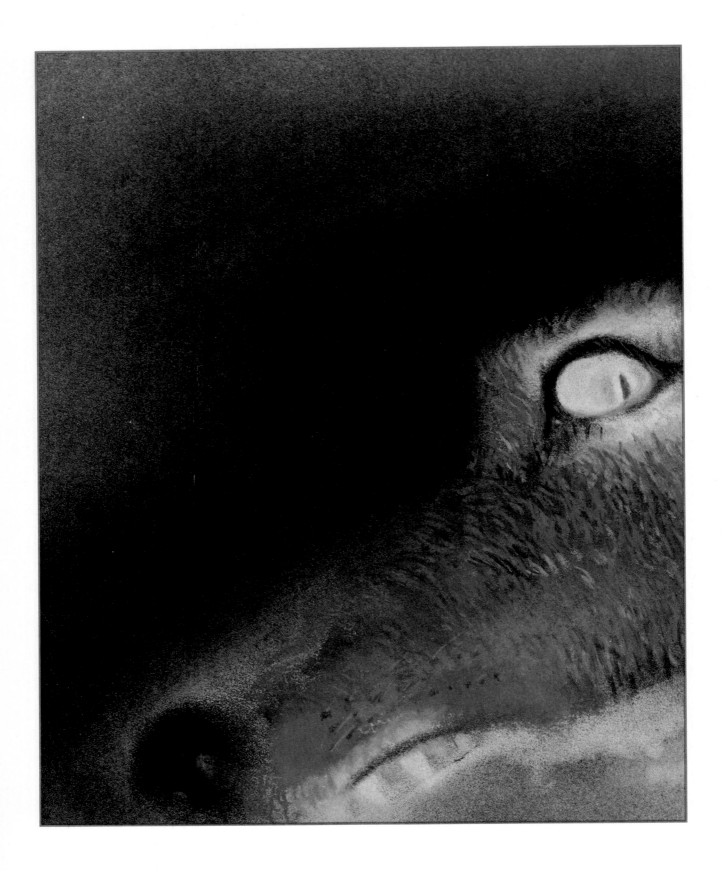

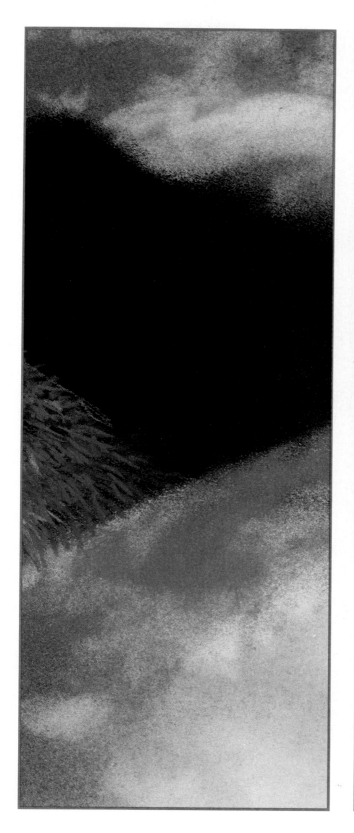

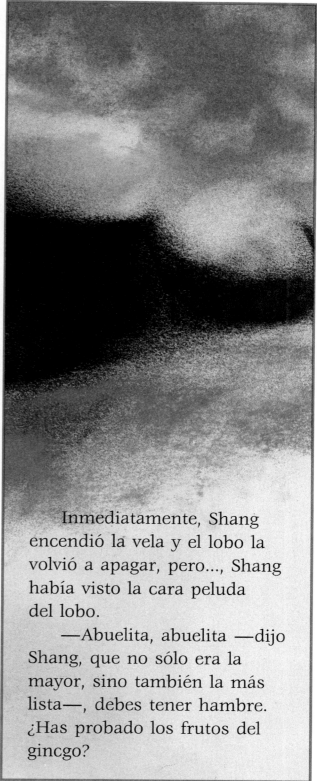

Inmediatamente, Shang encendió la vela y el lobo la volvió a apagar, pero..., Shang había visto la cara peluda del lobo.

—Abuelita, abuelita —dijo Shang, que no sólo era la mayor, sino también la más lista—, debes tener hambre. ¿Has probado los frutos del gincgo?

—¿Qué es un gincgo? —preguntó el lobo.

—El fruto del árbol de gincgo es dulce y blando, como la piel de un bebé. Lo pruebas una vez y vivirás para siempre —dijo Shang—. Crece en lo más alto del árbol que está justo afuera de la casa.

El lobo suspiró: —¡Qué lástima! La abuelita ya está vieja y tiene los huesos frágiles. Ya no puede subirse a un árbol.

—Abuelita querida, nosotras podemos bajarte algunos —dijo Shang.

El lobo aceptó, encantado.

Shang saltó de la cama y Tao y Paotze fueron con ella hasta el árbol. Una vez allí, Shang les contó a sus hermanas del lobo, y las tres se subieron al árbol alto.

El lobo esperó y esperó. Tao, la gordita, no regresaba. Paotze, la encantadora, no regresaba. Shang no regresaba, y nadie le llevaba frutos del gincgo. Entonces, el lobo gritó: —Niñas, ¿dónde están?

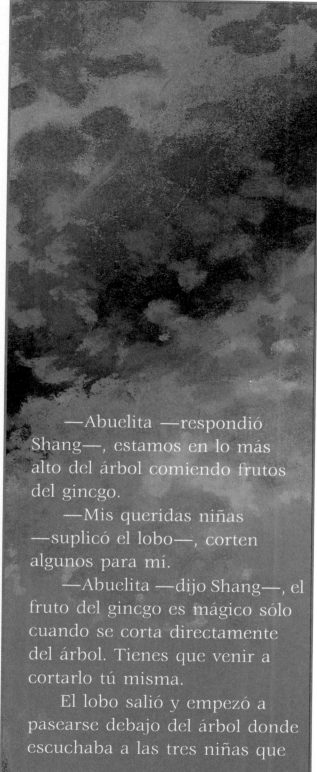

—Abuelita —respondió Shang—, estamos en lo más alto del árbol comiendo frutos del gincgo.

—Mis queridas niñas —suplicó el lobo—, corten algunos para mí.

—Abuelita —dijo Shang—, el fruto del gincgo es mágico sólo cuando se corta directamente del árbol. Tienes que venir a cortarlo tú misma.

El lobo salió y empezó a pasearse debajo del árbol donde escuchaba a las tres niñas que comían los frutos del gincgo en lo alto del árbol.

—Oh, abuelita, estos frutos son muy sabrosos. ¡La cáscara es muy blandita! —dijo Shang.

Al lobo se le empezó a hacer agua la boca.

Shang, la mayor y más lista de las niñas, dijo por fin:

—Abuelita, abuelita, tengo un plan: junto a la puerta hay una gran canasta. Detrás hay una cuerda. Amarra la canasta con la cuerda, siéntate en la canasta y lánzame la otra punta de la cuerda. Yo te subiré.

El lobo, muy contento, fue a buscar la canasta y la cuerda. Luego, lanzó una punta a la

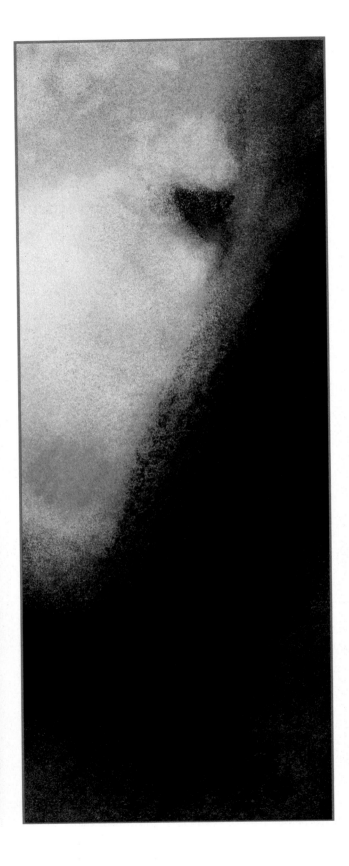

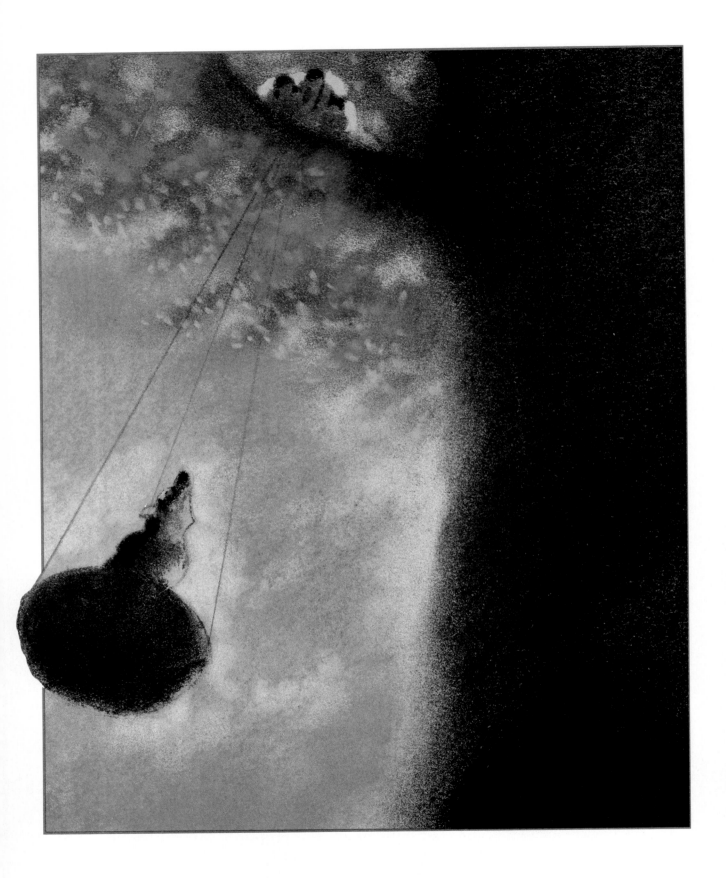

copa del árbol. Shang atrapó la cuerda y empezó a tirar hacia arriba.

Cuando iba a medio camino Shang soltó la cuerda, y la canasta y el lobo fueron a dar al suelo.

—Soy tan pequeña y tan débil, abuelita —fingió Shang—, que no puedo sostener la cuerda yo sola.

—Esta vez yo te ayudaré —dijo Tao—. Probemos de nuevo.

Al lobo se le había metido en la cabeza que tenía que probar el fruto del gincgo. Volvió a meterse en la canasta. Shang y Tao empezaron a tirar

de la cuerda con la canasta, cada vez más alto.

Otra vez soltaron la cuerda y... otra vez el lobo se vino abajo y abajo, y se hizo un gran chichón en la cabeza.

El lobo, furioso, rugía y maldecía.

—No pudimos sostener la cuerda, abuelita —dijo Shang—, pero con un solo fruto del gincgo volverás a quedar como nueva.

—Voy a darles una mano a mis hermanas —dijo Paotze, la menor de las tres—. Ahora sí lo lograremos.

Esta vez las niñas tiraron de la cuerda con todas sus fuerzas, mientras cantaban "yiuu, yioo". La canasta subió y subió, más arriba que la primera vez, más arriba que la segunda vez, y siguió subiendo hasta llegar casi a la punta del árbol. Cuando el lobo

estiró la mano, poco le faltaba
para tocar la rama más alta.

En ese momento, Shang
tosió y las tres soltaron la
cuerda. La canasta cayó y
cayó y cayó. El lobo no sólo
se hizo un chichón en la
cabeza, sino que se rompió
el corazón en mil pedazos.

—Abueliiitaaa —gritó Shang
pero..., no hubo respuesta.

—Abueliiitaaa —gritó Tao
pero..., no hubo respuesta.

—Abueliiitaaa —gritó Paotze
pero..., tampoco hubo
respuesta.

Las niñas bajaron hasta las
ramas que estaban justo
encima del lobo y vieron que
estaba bien muerto. Bajaron del

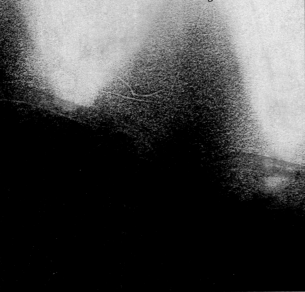

árbol, entraron en la casa, cerraron la puerta, la trancaron y se fueron a dormir en paz.

Al día siguiente, la mamá volvió con canastas de comida, regalo de la verdadera abuelita. Las tres hermanas le contaron la historia de la abuelita que había llegado a visitarlas.

Conozcamos a
Ed Young

Durante su niñez en la China, a Ed Young le gustaba escuchar los viejos cuentos folklóricos de la China que sus padres le contaban. Uno de sus preferidos era el de Abuelita Lobo. Cuando lo escuchaba, nunca se imaginaba que un día lo escribiría en inglés, le haría sus propias ilustraciones y ganaría la Medalla Caldecott.

Young recuerda que cuando era muchacho casi siempre tenía un lápiz en la mano. "Dibujaba todo lo que se me cruzaba por la mente: aviones, gente, un gran barco del que mi padre estaba muy orgulloso, un cazador y un perro de presa que yo inventé."

Cuando se mudó a la ciudad de Nueva York y consiguió un trabajo, siguió dibujando. A la hora de la comida, se sentaba en el Parque Central y dibujaba.

Un día, Young fue a ver al editor de una editorial muy importante. Llevaba una bolsa de compras llena de dibujos de animales hechos en servilletas y en pedazos de papel para envolver.

Desde entonces, Young ha ilustrado más de cuarenta libros, cuatro de los cuales él mismo los escribió.

Preguntas y actividades

1. ¿Por quién se hace pasar el lobo?

2. ¿Cuándo se da cuenta Shang de que el lobo no es su abuela?

3. ¿Crees que Shang es lista? ¿Por qué?

4. ¿De qué trata principalmente este cuento?

5. Compara a Shang con Fernando Espino. ¿De qué modo cada personaje encuentra una solución a su problema?

Escribir un consejo

Imagínate que Shang y sus hermanas te escriben pidiendo consejo para deshacerse del lobo. Escribe una respuesta a su carta. Incluye un plan detallado.

Diseñar un papalote

Los papalotes se inventaron en la China. Dibuja un papalote en un pedazo grande de papel. Recorta el papalote y pégale un hilo en la parte inferior. Decóralo con marcadores de colores. Haz una exhibición de papalotes con el resto de la clase.

Levantar objetos con una palanca

En "Abuelita lobo", las niñas levantan al lobo. Tú también puedes levantar objetos pesados con una palanca. Coloca el punto medio de una regla en un tubo de cartón. Pon un libro en un extremo de la regla y presiona hacia abajo por el otro extremo.

Obtener más información

¿Qué otras versiones de "Caperucita Roja" hay en la sección de cuentos de la biblioteca? ¿Cuáles son las semejanzas y diferencias con "Abuelita lobo: La Caperucita Roja de la China"?

Leer un periódico

Un periódico publica noticias que relatan hechos y que también contienen opiniones. Un hecho es una afirmación que puede comprobarse. Una opinión expresa lo que piensa una persona acerca de algo concreto. Un buen lector debe aprender a diferenciar entre hechos y opiniones.

2 de mayo de 1999

Un lobo gris se escapa del zoológico de Washington

Carrie Chiu

Anoche, a las 11:30 p.m., un guardia vio escaparse un lobo del zoológico de Washington. La puerta de la jaula del lobo no estaba bien cerrada.

"Nunca había visto a un animal correr tan rápido. Los lobos son muy peligrosos" declaró el guardia. Inmediatamente llamó al guardián del zoológico

para que avisara a la policía. Tras varias horas de búsqueda, un policía vio al lobo en un parque. Para atrapar al lobo, el guardián del zoológico colocó un pedazo de carne dentro de una jaula y esperó a que el lobo entrara para cerrar la puerta. El lobo regresó zoológico a las 2:30 de la madrugada.

Responde a las siguientes preguntas relacionadas con esta noticia.

1 ¿Cuál es el titular?

2 ¿Quién escribió el artículo?

3 Una noticia responde a las preguntas *quién, qué, cuándo, dónde* y *cómo*. ¿Qué hechos del artículo responden a estas preguntas?

4 ¿Cuál es la opinión que aparece en el artículo?

5 ¿Cómo podrías comprobar los hechos de una noticia?

Sugerencia para exámenes

Si no entiendes una parte del cuento, vuelve a leerla lenta y cuidadosamente.

INDICACIONES:

Lee el texto. Luego lee cada una de las preguntas.

MODELO

En un pueblo de pescadores

Tika creció en un pueblo de pescadores de Grecia. Sentía el olor del mar todos los días camino a la escuela.

El padre de Tika era pescador. Por la mañana, cuando Tika iba a la escuela, su padre ponía grandes redes y toneles de carnada en su bote. Él pescaba todo el día.

Después de la escuela, Tika se encontraba con su padre en el muelle y le ayudaba.

Tika tenía mucho que hacer. Debía colgar las redes de pesca para que se secaran. A veces le ayudaba a su padre a limpiar el bote. Eso era lo que más le gustaba, pues le encantaba estar en el bote con su padre. Tika sabía que un día su padre la dejaría conducir a ella.

1 ¿Cuál es el tema principal del cuento?

○ Tika conducía el bote.

○ La pesca en Grecia.

○ Tika ayudaba a su padre.

○ Por qué la gente vive en un pueblo de pescadores.

2 En el cuento, tareas significa:

○ trabajos.

○ deberes escolares.

○ cañas de pescar.

○ anzuelos.

165

Arte y Literatura

Esta pintura está basada en un hecho real. A veces, los artistas muestran cosas que no ocurrirían en la vida real.

~

Mira la pintura detenidamente. ¿Qué partes ocurren en la vida real? ¿Crees que la calle en el fondo de la pintura es real? ¿Por qué?

~

Mira otra vez la pintura. ¿Crees que representa un hecho actual? Explica tu respuesta.

La piñata, Alfredo Ceibal, 1984

166

Conozcamos a
Beatriz Ferro

Beatriz Ferro es una conocida escritora argentina, autora de centenares de cuentos, poesías, guiones y obras de teatro. Su afición por la literatura la cultivó desde niña. A los ocho años creó una revista de historietas y chistes y que, al no disponer más que de un ejemplar, alquilaba a sus familiares. Ha escrito y dirigido colecciones de obras para niños y jóvenes y, según sus propias palabras, su pasión de narradora la hace luchar contra dragones, escalar altas montañas y descubrir las islas desiertas de sus libros. Gran parte de su obra ha sido traducida a varios idiomas.

Conozcamos a
Elena Torres

Elena Torres es una artista plástica argentina actualmente dedicada por entero a la ilustración de libros para niños y jóvenes. Comenzó su trabajo profesional junto a Beatriz Ferro con quien se ocupa también del diseño gráfico de los libros. Ha trabajado con prestigiosos autores y fue premiada en varias ocasiones. Vive en Buenos Aires con su marido, su hija Paula y su gato Pelito.

168

Pirimpimpón

Beatriz Ferro

Ilustraciones de Elena Torres

Descontando el día en que había perdido el apetito, Cándida decía que ella nunca perdía nada.

Y así fue.... hasta que descubrió que su querida nuez dorada había desaparecido por un agujero que tenía en el bolsillo.

La nuez dorada era una cajita forrada por dentro con una tela roja muy suave y, aunque parecía estar vacía, en realidad estaba llena de los sueños de Cándida. Para ella, más que una caja, era un cofrecito de tesoros y estaba segura de que, un día, iba a servir para guardar algo muy especial.

Cándida se cansó de buscarla: revisó la casa
de arriba abajo y el jardín de punta a punta.
Nada de nada, la nuez no apareció.

Sin saber qué hacer, se sentó en la puerta de calle con cara de "qué tonta soy, no hay caso, la perdí", tan ensimismada que, cuando pasó su vecino, el zorro, no lo reconoció. Bueno, la verdad, el zorro parecía otro; tenía pipa y gorra de detective, una gran lupa en la mano y un diploma bajo el brazo.

—¿Algún problema? —preguntó como en las películas—. Por si no te diste cuenta, acabo de recibirme de detective: ¡aquí está mi diploma!

Cándida parpadeó, se paró de un brinco y le contó todo.

—¿Con que... agujero en el bolsillo, eh? ¿Roto, descosido o apolillado?

—Zorro, ¿y eso qué importancia tiene?

—Todos los detalles tienen importancia —aseguró el detective y, para evitar más preguntas, la hizo a un lado y entró en la casa muy resuelto, a mirar con lupa hasta el último rincón.

La ardilla, impaciente, a los dos minutos se asomó a preguntar si había novedades.

—Todavía no, pero tengo una pista —aseguró el zorro—. Por favor, no me molestes más, ¿por qué no te vas a dar una vuelta por ahí?

Cándida, resignada, se fue a dar un paseo por el bosque para no entorpecer el trabajo del zorro.

Allí estaba cuando, en medio del silencio, oyó algo: un rumor que más bien era un susurro que se fue haciendo cantito.

Entonces paró la oreja y escuchó:

Todos buscan, todos buscan
lo que desapareció.
El sastre busca un botón,
el relojero un tornillo
del reloj despertador.
La mamá busca el tapón
que tapaba el botellón,
de paso busca una vincha
y el pañuelo de algodón.

¿Dónde está la dirección
que anoté en ese cartón?
¿Y el fósforo que cayó?
El suelo se lo tragó.

Lapicitos y alfileres,
la madeja de piolín
y el escarpín con pompón,
¿dónde están? Jo jo jo,
lo sé yo, yo, yo,
¡el duende Pirimpimpón!

Cándida se apartó despacio, conteniendo el aliento, y un trecho más allá corrió a todo lo que daba hasta su casa para hablar del asunto con el zorro.

Sin embargo él no se dejó impresionar.

—¿Pirimpimpón dijiste? ¿Oí bien, Pi-rim-pim-pón? —Después levantó una ceja, miro a lo lejos y opinó:

—Debe ser un vecino bromista. Voy a ver si figura en la guía de teléfonos.

¡Qué tipo!

La ardilla, furibunda, le volvió la espalda y se fue a aclarar el misterio por su cuenta.

Regresó al mismo lugar del bosque, miró y requetemiró haciendo telescopio con las manos, norte, sur, este y oeste, y no notó nada raro.

Antes de darse por vencida, vuelta a mirar
y entonces sí, descubrió algo que andaba a los
saltos como una langosta: era el duende cantor
en persona, chiquitito, ágil y veloz.

Cándida, inmóvil para no espantarlo, lo vio detenerse y alzar del suelo una cuentita brillante. Después siguió, salto tras salto, hasta escabullirse entre las ramas y las hojas que tapizaban el suelo del bosque. Allí desapareció.

La ardilla se acercó a ese sitio y espió de panza entre las matas hasta que, bajo de un techito de enredaderas, vio el pueblo enano más raro de la historia.

Las casas estaban construidas con cabitos de lápices de colores y las ventanas eran botones de vidrio.

Había caminos de monedas y puentes hechos con viejas llaves.

En una casa, una señora duende
lavaba la ropa dentro de una tapita de
botella, y su vecino dormía la siesta sobre
una blanda goma de borrar.

Más allá, un duende sastre en su taller cortaba vinchas y, cose que cose, hacía trajes y gorros enanísimos.

Más claro imposible: Pirimpimpón y los suyos eran unos duendes cachivacheros que se pasaban la vida recogiendo las cosas que pierde la gente...

Cándida, segura de que también habían secuestrado su cajita de nuez, estaba por pedir a los gritos que se la devolvieran cuando, de repente, vio al duendecito rey.

Estaba en la galería de su palacio, sentado muy orondo en el trono que acababa de estrenar: un espléndido trono dorado, tapizado de rojo... ¡era la nuez de Cándida! La ardilla no supo si reír o llorar.

Lo miró un rato largo con la boca abierta,
mientras él se hamacaba para aquí y para allá,
sonriendo de gusto.

Entonces pensó que, al fin y al cabo, ella siempre había dicho que esa cajita iba a servir para algo muy especial. Y, ¿qué mejor? se había convertido nada menos que en el asiento y el respaldo de un rey.

Cándida le tiró un beso y se despidió del pueblito.

Les dijo chau en silencio a las casas de lápices y a los carritos con ruedas de tornillo.

Lo último que miró fue la placita donde unos niños duendes se divertían patinando sobre el cristal de una lupa.

Después volvió a su casa.

El zorro todavía estaba allí, revisando abajo de la cama.

—No busques más —le dijo la ardilla—. Ya no me interesa mi nuez dorada, ¡que se quede donde está!

—¿Y quién busca tu nuez? Lo que quiero encontrar ahora es el cristal de mi lupa, ¡no sé dónde se me cayó!

La ardilla Cándida se hizo la desentendida y se rió para adentro pensando que, muy pronto, iban a estrenar otra pista de patinaje en el pueblo del duende Pirimpimpón.

Preguntas y actividades

1. ¿Por qué a Cándida le importaba tanto la nuez?

2. ¿Qué decidió Cándida al descubrir que el rey de los duendes tenía su nuez? ¿Por qué?

3. ¿Crees que Cándida hizo bien de no pedir de vuelta su nuez? Explica tu respuesta.

4. ¿De qué trata el cuento?

5. Si Cándida, la ardilla de este cuento, se encontrara con Cristóbal, el personaje de "El niño que buscaba a ayer", ¿de qué crees que hablarían? Explica tu respuesta.

Para Pirimpimpón

Escribir una carta

¿Qué fue lo último qué perdiste? Pirimpimpón se lo ha llevado a su pueblecito. Escríbele una carta con un primer párrafo que diga qué has perdido, un segundo que cuente por qué lo necesitas y un tercero pidiéndole que te lo devuelva.

Hacer una tabla comparativa

Hay muchos cuentos folclóricos donde el protagonista es un zorro. Elige uno y haz una tabla comparativa con el de este cuento. La tabla debe tener dos columnas, una para cada zorro, y en las filas debes poner atributos como astuto, valiente, etc. Escribe en cada recuadro "sí" o "no" según corresponda.

Escribir un mensaje invisible

Si quieres que ni un detective pueda leer cierto mensaje, disuelve una cucharada de bicarbonato con una de agua. Moja un hisopo en esta disolución, escribe un mensaje en un papel en blanco y deja que se seque. Para descifrarlo, pide a un amigo que humedezca el mensaje con jugo de uva.

Obtener más información

Existen muchos tipos de frutos secos. Uno de ellos es la cola, uno de los componentes que se usan en la producción de muchos refrescos. Busca en una enciclopedia información sobre la cola y su uso en los refrescos. Comparte la información con tus compañeros.

193

Un periódico en Internet

Actualmente la mayoría de los periódicos impresos tienen su página en Internet. Desde cualquier computadora que esté conectada a un servidor, puedes acceder cada día a los periódicos de muchos países. Para ello, sólo necesitas conocer la dirección de la página. Por ejemplo, la del *Excelsior* de México es www.excelsior.com.mx o la de *La Prensa* de Honduras, www.laprensahn.com.

Usa esta página de un periódico en Internet para responder a las siguientes preguntas.

1 ¿Qué periódico es?

2 ¿Cuál es la dirección de la página?

3 ¿Qué icono apretarías para leer el editorial?

4 ¿Qué icono apretarías para buscar una noticia sobre un banco?

5 ¿Cómo buscarías una noticia publicada con anterioridad?

Sugerencia para exámenes

Entenderás mejor el texto si lo cuentas con tus propias palabras.

INDICACIONES:

Lee el texto. Luego lee cada una de las preguntas.

MODELO

El golf

El golf es un deporte que se juega en una gran extensión de terreno, el campo de golf. El jugador usa un palo de golf con el que intenta mover la pelota hacia un hoyo. El golf comenzó a jugarse en Escocia. Se suele jugar en grupos de cuatro personas.

En golf, el ganador es la persona que obtiene menos puntos. Los jugadores obtienen un punto cada vez que le dan a la pelota. Los buenos jugadores sólo necesitan darle unas pocas veces para que caiga en el hoyo. Algunos pueden hacer un hoyo-en-uno. ¡Con sólo un golpe hacen caer la pelota en el hoyo!

1 ¿Cuál de éstos es un HECHO en el cuento?

○ El golf surgió en Inglaterra.

○ El golf se juega en grupos de cinco personas.

○ El golf se juega en un campo de golf.

○ El ganador es el que obtiene más puntos.

2 ¿Qué pasa cuando un jugador manda la pelota al hoyo con un solo golpe?

○ El partido termina.

○ Hace un hoyo-en-uno.

○ Obtiene más puntos.

○ Hay que volver a jugar el partido.

Arte y Literatura

Algunos artistas pretenden ilustrar cierto hecho histórico. Al representarlo mediante una pintura, consiguen que la historia reviva.

Observa esta pintura. Lee su título. ¿Qué información te brinda? ¿Cuál crees que es la idea principal de esta pintura? ¿Qué hace el niño?

Cierra los ojos. ¿Qué recuerdas de la pintura? ¿A qué crees que se debe?

El experimento eléctrico de Franklin,
Currier e Ives

Conozcamos a Aliki

Aliki Brandenberg nació en Nueva Jersey. Pasó su infancia rodeada de su familia griega. En su hogar se hablaba griego, preparaban comidas griegas y tenían amigos griegos.

Desde muy pequeña, Aliki quiso ser artista. Después de trabajar un tiempo en publicidad comercial, Aliki comenzó a escribir e ilustrar sus propios libros. Ya ha escrito e ilustrado más de 45 libros que tratan temas tan variados como los dinosaurios, la historia del maíz, la amistad o las fiestas medievales. Muchos de ellos han sido traducidos al español. Entre sus libros más populares se encuentran La *historia de Johnny Appleseed, Los dinosaurios son diferentes, Momias de Egipto* y *Una fiesta medieval.*

Las numerosas vidas de Benjamin Franklin

Texto e ilustraciones de Aliki

La Biblioteca Pública de Filadelfia fue fundada por Benjamin Franklin en 1731.

*B*enjamin Franklin tuvo una sola vida. Sin embargo, a medida que crecía, su curiosidad, su sentido del humor y su inteligencia, lo convirtieron en un hombre con numerosas vidas.

Josiah y Abiah Franklin tuvieron muchos hijos. Benjamin Franklin nació en Boston en 1706. Pronto se dieron cuenta de que Ben era diferente. Tenía mucha curiosidad y le encantaban los libros. Ya de pequeño, se le ocurrieron ideas brillantes.

Boston, 1706

Las aletas de Ben eran de madera, con un agujero para el pulgar. También construyó unas aletas para los pies.

*B*en siempre pensaba, aún mientras jugaba. Le gustaba nadar y lo intentó de distintos modos. Un día construyó unas aletas para ir más rápido.

Otro día, mientras volaba un papalote cerca de una laguna, se le ocurrió otra idea. Nadó sujetándose a la cuerda del papalote. Tal como se había imaginado, el papalote lo arrastró por el agua.

A Ben le encantaba ir a la escuela, pero sus padres no tenían suficiente dinero para que él siguiera estudiando.

Al cabo de dos años, tuvo que dejarla y elegir un oficio. La familia decidió que fuera impresor, como su hermano James. Así pues a los doce años, lo enviaron a vivir con él. Ben aprendió rápido. Trabajaba mucho y muchas horas. Y aún así, leía todo libro que le prestaban y ahorraba el dinero que ganaba para comprar más.

Como aprendiz, Ben tenía que limpiar las letras y ordenarlas, barrer el piso y vender periódicos.

Por las noches y los domingos, Ben leía y escribía.

En el taller, Ben quería hacer algo más que ayudar a imprimir el periódico de su hermano. Quería publicar algo de lo que él escribía. Pensó cómo hacerlo.

James empezó a encontrar misteriosas cartas por debajo de la puerta de su oficina. Las firmaba una tal Silence Dogood. Eran poemas, historias divertidas y ensayos. James las publicó. Las cartas hicieron que el periódico se vendiera más. Lo que menos se imaginaba James era que Silence Dogood era su hermano pequeño Ben.

Pero cuando James descubrió la verdad, se enfadó y no le permitió escribir nada más. Ben decidió irse a cualquier otro lugar donde pudiera escribir. Así pues, a los 17 años dejó a James y abandonó Boston.

James mostró las cartas a sus amigos.

Silence Dogood escribió que era una pobre viuda con algunas ideas que deseaba compartir.

Dijo que pronto volvería a escribirle.

No sé quién es pero las publicaré.

¡Otra carta!

La gente estaba ansiosa por leer la siguiente carta de la viuda Dogood.

Ben escribió una carta detrás de otra.

Ben trabajaba mucho e incluso repartía él mismo los paquetes.

*B*en fue a Filadelfia para empezar una nueva
vida. Encontró trabajo en una imprenta. Leyó y
compró más libros. Siguió trabajando hasta ahorrar lo
suficiente como para comprar un taller. Así pudo
imprimir su propio periódico y publicó todas las cartas
que quiso.

*P*ocos años después, se casó con una joven llamada Deborah Read. Deborah también era muy trabajadora. Llevaba la casa y un almacén que tenía junto a la imprenta de Ben. Con el tiempo tuvieron dos niños que les ayudaban.

WILLIAM era el mayor.

FRANCIS nació en 1732. Cuando tenía cuatro años, se enfermó y murió.

A la pequeña SARAH, Ben la llamaba "Sally".

El periódico de Ben tuvo mucho éxito. Decidió imprimir un calendario anual llamado Almanaque de Pobre Richard. El almanaque contenía consejos, noticias e información general. Lo que lo hacía aún más especial eran los dichos ingeniosos de Pobre Richard. Año tras año, la gente compraba el almanaque. Ben se hizo muy famoso.

Durante todo ese tiempo, Benjamin Franklin tuvo una vida llena de experiencias. Le encantaba Filadelfia. Era una ciudad nueva, llena de promesas, y Benjamin estuvo allí en el momento oportuno. Creó un club llamado Junta, donde varios amigos se reunían para hablar de libros y discutir ideas.

Benjamin Franklin hacía ver que Richard Saunders era el autor del almanaque.

"Pobre Richard" era Richard Saunders, un astrólogo pobre al que le gustaba pasar el tiempo contemplando las estrellas. Como su esposa siempre le decía que buscara trabajo y ganara dinero, Richard decidió complacerla y escribió el almanaque.

1733 ALMANAQUE de Pobre Richard

AMANECER

ATARDECER

Los dichos de Pobre Richard:

Acostarse y levantarse tempra-no, hace al hombre rico, sabio y sano.

Cuidado con los pequeños gastos. En una nave, una pequeña filtración es muy grave.

Es difícil parar un saco vacío.

Arriba, haragán, no desperdicies la vida.

BAJATE

Al sabio, una palabra le basta.

En la casa del hombre trabajador, el hambre se asoma pero no entra.

Poco a poco se logra mucho.

Un hoy vale dos mañanas.

*B*en empezó a prestar sus libros y pronto otros hicieron lo mismo. Así empezó la primera biblioteca de préstamo en Estados Unidos. Benjamin descubrió otro modo de iluminar las calles y de hacerlas limpiar y pavimentar. Fundó un cuerpo policial y uno de bomberos, un hospital y una academia. Ayudó a redactar leyes. Filadelfia pasó a ser tan famosa como Benjamin Franklin.

Benjamin Franklin con su casco de bombero.

El farolero recorría las calles para encender los faroles.

Cuando tenía cuarenta y dos años, Benjamin Franklin ganaba suficiente dinero con la imprenta como para vivir cómodamente con su familia. Dejó el taller para dedicarse a sus ideas. Comenzaba una nueva vida. Ben empezó a realizar experimentos científicos y pronto obtuvo buenos resultados. Fue el primero en demostrar que los rayos producían electricidad. Un día, durante una tormenta, llevó a cabo un peligroso experimento con un papalote y una llave. Como resultado de este experimento, logró proteger las casas de los rayos con la invención del pararrayos.

El peligroso experimento del papalote de Benjamin Franklin

Pegó una varilla de metal al papalote.

Ató un cordel de seda a la cuerda del papalote y una llave al cordel.

Ben y su hijo, William, se pusieron a resguardo. Cayó un rayo sobre la varilla.

Ben tocó la llave, que estaba mojada, y le pasó la corriente. La electricidad había descendido por la cuerda del papalote hasta la llave. El cordel de seda impedía el paso de la corriente.

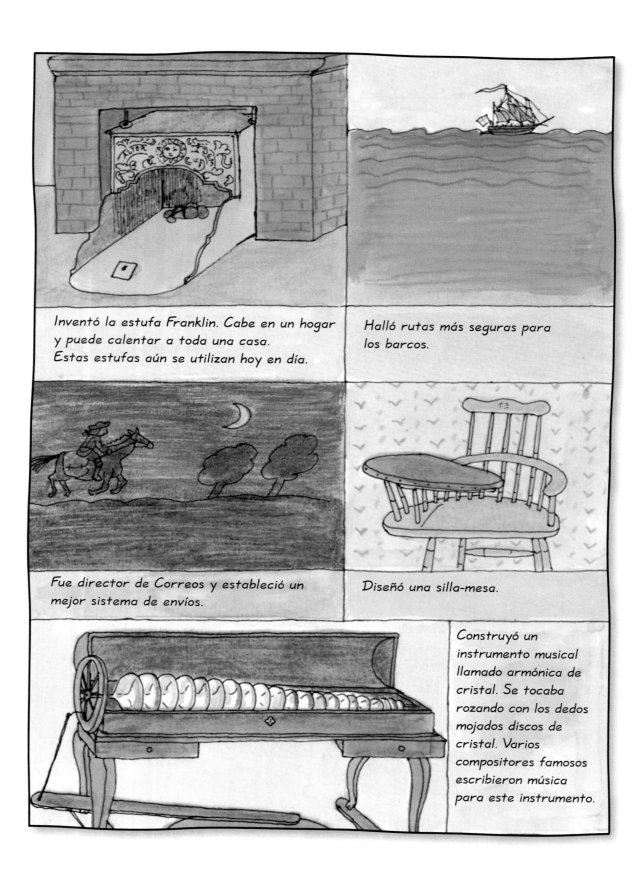

Inventó la estufa Franklin. Cabe en un hogar y puede calentar a toda una casa. Estas estufas aún se utilizan hoy en día.

Halló rutas más seguras para los barcos.

Fue director de Correos y estableció un mejor sistema de envíos.

Diseñó una silla-mesa.

Construyó un instrumento musical llamado armónica de cristal. Se tocaba rozando con los dedos mojados discos de cristal. Varios compositores famosos escribieron música para este instrumento.

Experimentó en su huerta mejores métodos de cultivo.

Descubrió que las ropas negras mantienen más el calor que las blancas. Para ello, puso diferentes pedazos de tela sobre la nieve. Tras cierto tiempo, el pedazo negro se había calentado con el sol y se hundía en la nieve. En cambio, el blanco no.

*D*urante su vida, Benjamin Franklin realizó muchos descubrimientos sin aceptar dinero por ellos. Decía que las ideas pertenecían a todos. Las escribió y fueron traducidas a muchos idiomas. Se convirtió en el hombre más famoso de Norteamérica.

Sobre todo, Benjamin deseaba que la gente prestara atención a su idea más importante: la independencia del país. En esa época, Norteamérica era una colonia inglesa. Al igual que otros, Franklin no quería que Inglaterra siguiera gobernándolos.

State House de Pensilvania, hoy llamado Independence Hall.

Benjamin Franklin, Thomas Jefferson, John Adams, John Hancock y otros 52 hombres firmaron la Declaración de Independencia en Filadelfia el 4 de julio de 1776.

*F*ue enviado a Inglaterra para lograr la independencia de su país.

Permaneció allí dieciocho años luchando por la causa. En 1775, regresó a Filadelfia triste y decepcionado. Su esposa había muerto. La guerra contra Inglaterra había empezado y Norteamérica aún no era independiente.

De todos modos, insistió. Benjamin Franklin y otros extraordinarios hombres ayudaron a Thomas Jefferson a redactar la Declaración de Independencia. Estaban decididos a conseguir la independencia. Sabían que para ello tenían que luchar para ganar la guerra. Y lo hicieron.

El general George Washington dirigió muchas batallas durante la Guerra de la Independencia.

Necesitaban ayuda. Benjamin Franklin ya era viejo y se sentía cansado cuando se embarcó de nuevo. Esta vez fue a pedir ayuda al rey de Francia.

Lo recibieron como a un héroe. Los franceses habían oído hablar de él y de sus inventos y lo admiraban. El rey aceptó. Con su ayuda, se ganó la guerra contra Inglaterra. Por fin, Estados Unidos era un país independiente.

La guerra terminó en 1781. La Campana de la libertad repicó en el Independence Hall.

En Francia, visitó al rey Luis XVI y a la reina María Antonieta. A diferencia del resto, Benjamin Franklin no llevaba ropas suntuosas ni usaba peluca. Todos quedaron impresionados con el sencillo vestir y el trato amable del inventor.

El 13 de septiembre de 1785, el barco en el que viajaba Benjamin atracó en el puerto de Filadelfia. Sonaron las campanas, se dispararon cañones y cientos de personas fueron a darle la bienvenida.

*B*enjamin Franklin quería pasar los últimos años de su vida en su casa. Cuando en 1785 regresó de Francia, pensaba que lo habían olvidado.

Pero no fue así. Lo recibieron con grandes celebraciones. Comprobó que su país aún lo necesitaba. Se convirtió en el primer gobernador de Pensilvania y ayudó a redactar la Constitución de Estados Unidos.

El 17 de septiembre de 1787, Benjamin Franklin junto con los otros hombres que habían redactado la Constitución firmaron el documento en el que se basan las leyes de Estados Unidos.

*B*enjamin Franklin vivió ochenta y cuatro años. Al mundo legó sus inventos, ideas, su sabiduría y su ingenio.

Preguntas y actividades

1. ¿A qué ciudad se mudó Ben Franklin después de irse de Boston?

2. Di tres cosas importantes que realizó Ben Franklin.

3. ¿Por qué Aliki llamó a esta selección "Las numerosas vidas de Benjamin Franklin"?

4. ¿Cuál es la idea principal de esta selección?

5. ¿Qué tienen en común Shang, la niña de "Abuelita Lobo", y Ben Franklin?

Escribir un folleto

Haz un folleto en el que describas algunos de los inventos de Ben Franklin. Da tantos detalles como puedas.

Hacer un experimento

Ben Franklin descubrió que los colores oscuros atraen más el calor que los colores claros. Haz el siguiente experimento. Busca dos vasos de papel y coloca cuatro cubitos de hielo en cada uno. Pega un cuadrado negro de papel en la parte superior de un vaso y uno blanco en la del otro. Pon los dos vasos al sol. ¿En qué vaso se derriten antes los cubitos?

Escribir un libro de dichos

Ben Franklin dijo: "Un penique ahorrado es un penique ganado" y "No dejes para mañana lo que puedas hacer hoy". Escribe un libro con tus dichos preferidos e ilústralo.

Obtener más información

Benjamin Franklin es famoso por sus inventos. Averigua datos sobre otro inventor y lo que inventó. Luego haz un dibujo del invento y cuenta para qué sirve.

221

Seguir instrucciones

La electricidad estática se nota, por ejemplo, al peinarte en un día seco o al quitarte un suéter de lana. El rayo de luz que vemos en una tormenta también es electricidad estática. A continuación vas a realizar un experimento simple para demostrar el efecto de la electricidad estática.

Sigue las instrucciones y luego responde las preguntas.

1 Corta una hoja de papel de aluminio en cinco pedazos y colócalos sobre una mesa.

2 Péinate rápido.

3 Sostén el peine por encima de los pedacitos de papel de aluminio pero sin tocarlos. ¿Qué predices que pasará?

4 ¿Acertaste con tu predicción?

5 ¿Qué has aprendido con este experimento?

Sugerencia para exámenes

Presta atención a los detalles mientras leas el cuento.

INDICACIONES:

Lee el texto. Luego lee cada una de las preguntas.

MODELO

¿Qué aprendió Carli?

En el zoológico Carli le dijo al cuidador: —Estos lobos se parecen mucho a mi perro Campeón.

El cuidador asintió.

—¿Sabes? Hace mucho tiempo tu perro fue un lobo.

Carli lo miró sorprendido.

—Lo tengo a Campeón desde que nació. ¡Él nunca fue un lobo!

—Lo que quiero decir es que los perros son parientes lejanos de los lobos —dijo el cuidador.

—¿Entonces Campeón se podría hacer amigo de una manada de lobos e ir de caza con ellos? —preguntó Carli.

—No, Campeón no sabría que hacer con una manada. Hace miles de años que sus antepasados dejaron la vida salvaje —explicó el cuidador.

1 El cuento trata de:

○ lo que come Campeón.

○ que los perros son parientes de los lobos.

○ un lobo atrapado.

○ perros amaestrados.

2 ¿Qué estaba haciendo Carli al principio del cuento?

○ paseando a Campeón

○ pidiendo información

○ buscando a su perro

○ hablando con el cuidador

Arte y Literatura

En una primera ojeada a esta pintura, tal vez sólo percibiste un montón de formas. Si la miras con más atención, verás que en realidad esas formas son nubes.

~~~

¿Qué puedes decir acerca de esta pintura? ¿Qué tipo de ambiente refleja? ¿Cómo describirías esta pintura a un amigo?

~~~

Observa la pintura de nuevo. ¿Qué colores usó el pintor? ¿En qué te hace pensar?

Combate celestial, Nikolai Roereck
Museo Ruso Estatal, San Petesburgo, Rusia

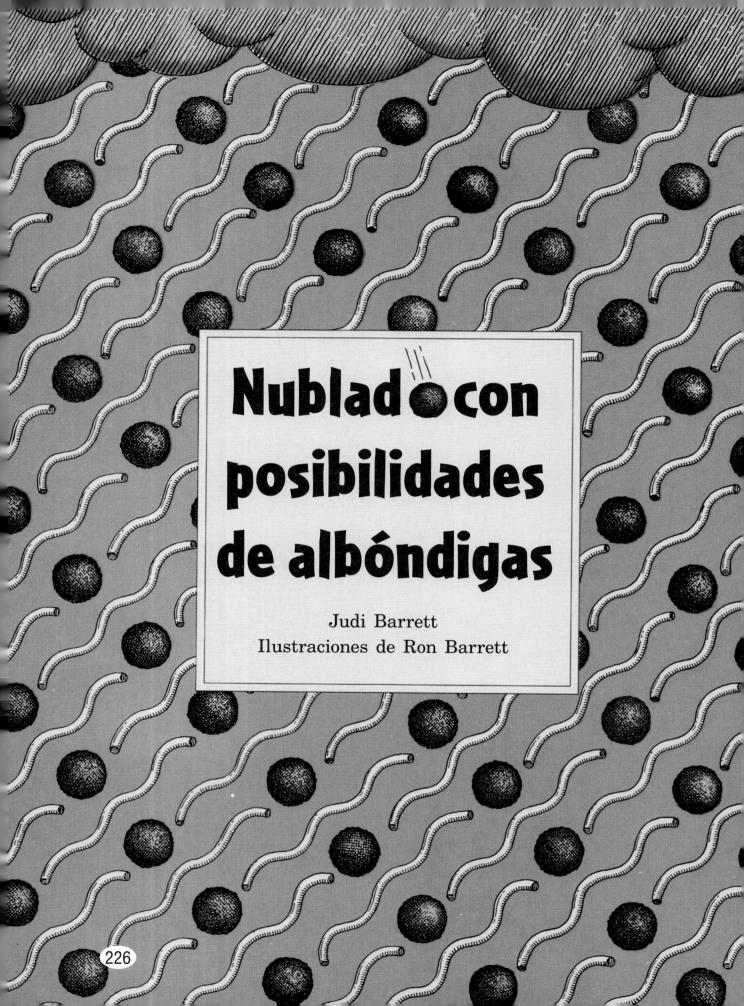

Nublado con posibilidades de albóndigas

Judi Barrett
Ilustraciones de Ron Barrett

Estábamos todos sentados alrededor de la mesa de la cocina. Era sábado por la mañana, una mañana de panqueques. Mamá estaba exprimiendo naranjas para hacer jugo. Henry y yo estábamos apostando cuántos panqueques nos podríamos comer cada uno mientras el abuelo los preparaba.

De pronto algo voló por el aire hacia el techo de la cocina y...

...aterrizó justo encima de Henry.

Al darnos cuenta de que el objeto volador no era más que un panqueque, todos nos reímos, incluso el abuelo. El desayuno siguió sin ninguna novedad. Los demás panqueques aterrizaron en la sartén. Nos los comimos todos, hasta el que cayó encima de Henry.

Esa noche, inspirado por el incidente del panqueque volador, el abuelo nos contó el mejor cuento que jamás nos había contado.

"Al otro lado del océano, más allá de enormes montañas, de tres calurosos desiertos y de otro océano más pequeño...

...se hallaba el pueblo de Comeytraga.

Éste no era muy diferente a cualquier otro pueblo. Tenía una calle principal llena de tiendas, casas con árboles y jardines, una escuela, alrededor de trescientos habitantes y gatos y perros de razas diferentes.

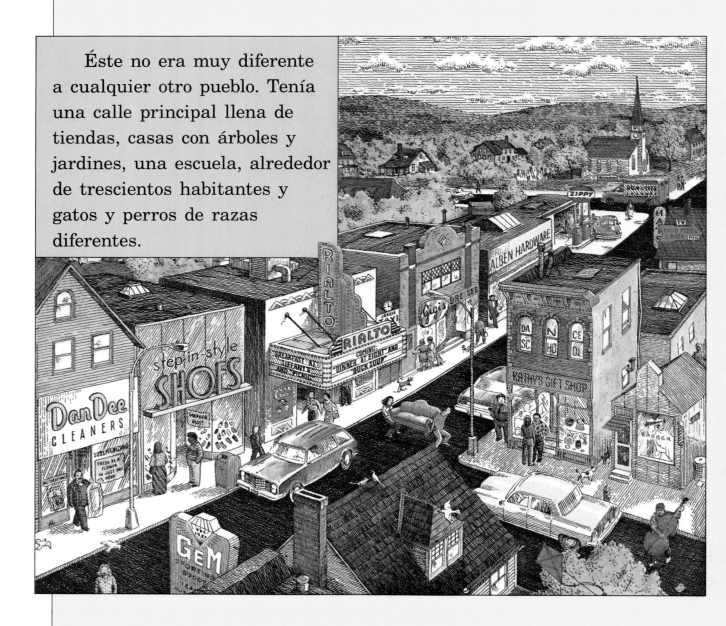

Lo que faltaba en Comeytraga era tiendas de comida. No necesitaban ninguna porque el cielo les proporcionaba toda la comida que quisieran.

El clima era lo que hacía de Comeytraga un pueblo realmente diferente. Cambiaba tres veces al día: a la hora del desayuno, del almuerzo y de la comida. Todo lo que comía la gente venía del cielo; comían lo que éste les sirviera.

Nunca llovía lluvia, nunca nevaba nieve, y nunca soplaba simplemente viento. Llovía cosas como sopa y jugo, nevaba puré de papas y guisantes, y a veces el viento soplaba ráfagas de hamburguesas.

Por la mañana la gente podía ver el anuncio del tiempo en la televisión, e incluso oír las predicciones que anunciaban el menú del día siguiente.

Al salir a la calle todo el mundo llevaba sus platos, tazas, vasos, tenedores, cucharas, cuchillos y servilletas. Siempre estaban preparados ante cualquier sorpresa del tiempo.

Si había sobras, y normalmente había, la gente se las llevaba a casa y las colocaba en sus refrigeradoras, por si acaso tenían hambre entre comidas.

El menú era variado. En cuanto se levantaban por la mañana ya estaba cayendo el desayuno. Después de una breve lluvia de jugo de naranja llegaban nubes bajas de huevos fritos, seguidas de tostadas con una llovizna de mantequilla y

mermelada. Casi siempre llovía leche al final.

Un día, a la hora del almuerzo, desde el nordeste soplaron a unas cinco millas por hora salchichas metidas en su pan, y cerca de allí había nubes de mostaza. Luego un viento del este trajo habichuelas cocidas y, para terminar, cayó una fina llovizna de soda.

Una noche la comida se compuso de chuletas de cordero, que cayeron con mucha fuerza. A los períodos de guisantes y papa asada siguieron claros graduales, y una estupenda gelatina se estableció en el oeste.

El Departamento de Sanidad de Comeytraga tenía un trabajo muy raro para un departamento de Sanidad. Tenía que recoger la comida que caía en las casas, las aceras y los patios. Los trabajadores limpiaban todo después de cada comida y alimentaban a los perros y gatos del pueblo. Luego vaciaban parte de la comida en los mares de los alrededores, para que comieran los peces, las tortugas y las ballenas. El resto se enterraba para abonar los jardines de la gente.

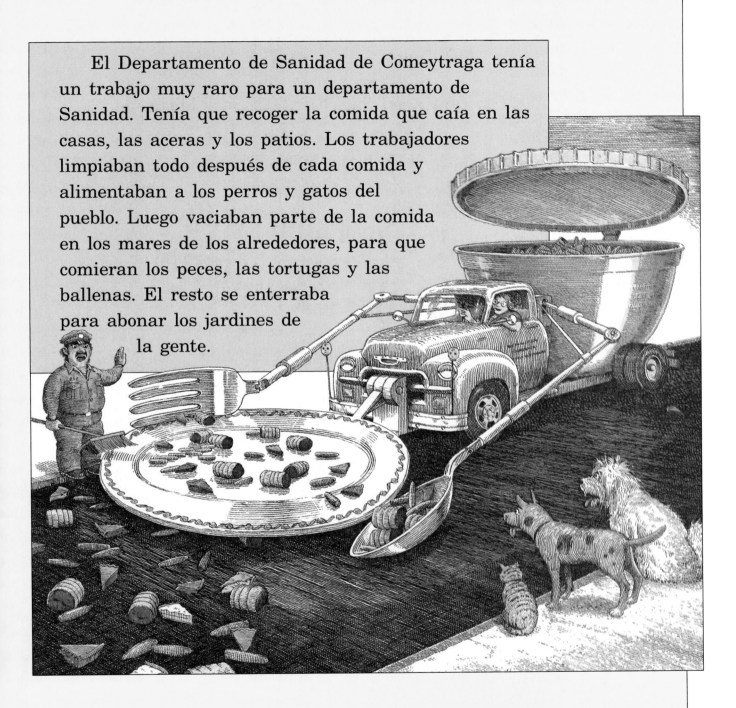

La vida de los habitantes del pueblo era deliciosa hasta que el tiempo empeoró.

Un día sólo hubo queso Gorgonzola.

Al día siguiente solamente cayó brócoli demasiado cocido.

Al siguiente fueron coles de Bruselas y mantequilla de cacahuate con mayonesa.

Otro día hubo una niebla de sopa de guisantes. Nadie podía ver adónde iban a parar, y apenas podían encontrar el resto de la comida que se quedó atrapada en la niebla.

Los alimentos eran cada vez más grandes, y por ello las porciones también; la gente comenzó a asustarse. Con frecuencia soplaban violentas tormentas. Estaban pasando cosas terribles.

Un martes hubo un huracán de pan y bollos día y noche. Había bollos blandos y duros, con semillas y sin semillas. Había pan blanco, pan de centeno y tostadas de trigo integral. Eran más grandes que todos los panes y bollos que habían visto antes. Fue un día tan malo que todo el mundo se tuvo que quedar en casa, y hasta se dañaron los tejados. El Departamento de Sanidad no dio abasto. Los trabajadores tardaron cuatro días en limpiarlo todo, y en el mar flotaban los bollos.

La gente colaboró apilando todo el pan que pudo en sus patios. Los pájaros picotearon un poco; pero la mayor parte del pan se quedó allí y se puso cada vez más duro.

Una mañana hubo una tormenta de panqueques y un aguacero de miel de arce que casi inunda la ciudad. Un enorme panqueque cubrió la escuela. Nadie pudo sacarlo debido a su tamaño, así que tuvieron que cerrar la escuela.

Un día la lluvia del almuerzo acumuló quince pulgadas de queso cremoso y bocadillos de mermelada. Todo el mundo comió hasta enfermarse y la ciudad quedó en un estado de indigestión general.

Luego hubo un viento terrible de sal y pimienta, acompañado de un tornado de tomate que empeoró aún más las cosas. La gente parecía tonta de tanto estornudar y corría para evitar los tomates. La ciudad era un caos de semillas y pulpa.

El Departamento de Sanidad
se rindió. Era imposible hacer tanto
trabajo.

Todo el mundo temía por su vida;
la mayor parte del tiempo no podían
salir. Muchas casas habían sufrido
daños causados por albóndigas gigantes;
las tiendas estaban protegidas con
maderas y no hubo más escuela para
los niños.

Entonces se tomó la decisión de abandonar Comeytraga. Era una cuestión de supervivencia.

La gente pegó con mantequilla de cacahuate pedazos gigantes de pan duro...

...cogió lo absolutamente necesario y se embarcó en dirección a una nueva tierra.

Después de flotar una semana llegaron finalmente a una pequeña ciudad costera, donde les dieron la bienvenida. El pan se había mantenido unido sorprendentemente bien, lo suficiente como para construir con él casas provisionales.

Los niños volvieron a la escuela, y los adultos trataron de encontrar un hogar en su nueva tierra. El cambio más difícil fue acostumbrarse a comprar comida en el supermercado. Les resultó extraño ver los alimentos en las estanterías, empacados en cajas, latas y botellas, y la carne guardada en enormes refrigeradoras.

Nada caía del cielo excepto nieve y lluvia. Las nubes no estaban hechas de huevos fritos ni a nadie le volvió a caer una hamburguesa en la cabeza.

No hubo quien se atreviera a regresar a Comeytraga para averiguar qué había ocurrido. Tenían mucho miedo.

Henry y yo nos mantuvimos despiertos hasta el mismísimo final del cuento del abuelo. Recuerdo su beso de buenas noches.

Cuando nos despertamos a la mañana siguiente, vimos nevar por la ventana.

Corrimos escaleras abajo para tomar el desayuno y nos lo comimos un poco más rápido que de costumbre, para poder ir a tirarnos en trineo con el abuelo.

Es gracioso, porque incluso cuando nos tirábamos por la pendiente creímos ver un enorme pedazo de mantequilla en la cima, y casi podíamos oler el puré de papas.

Conozcamos a Judi Barrett

De pequeña, Judi Barrett estaba constantemente ocupada. Hacía estatuas en miniatura con los cacahuates, moldeaba caballos con el alambre de las perchas y confeccionaba muñecas con colchas viejas.

En su vida adulta, ha usado su imaginación para escribir libros para niños como "Nublado con posibilidades de albóndigas."

A ella le interesa particularmente el modo en que se ilustran sus libros.

"Mientras escribo, me hago una imagen visual de mis libros", dice ella. "Las palabras se me ocurren acompañadas de imágenes de cómo debe verse el libro".

Conozcamos a Ron Barrett

¿Qué fue lo que impulsó a Ron Barrett a comenzar a dibujar? Fueron los simpáticos personajes de los libros de historietas que su padre dejaba sobre la mesa.

Aún hoy, Ron tiene un gran sentido del humor. Al referirse a las ilustraciones de "Nublado con posibilidades de albóndigas" nos dice: "Me tomó un año diseñar e ilustrar este libro. Utilicé una pluma muy pequeña. Las hamburguesas y los panqueques tuvieron que posar realmente para que yo hiciera los dibujos. Y después me comí los modelos."

Preguntas y actividades

1 ¿De dónde procede toda la comida de Comeytraga?

2 ¿Qué pasó cuando empeoró el tiempo en Comeytraga?

3 ¿Te gustaría vivir en un lugar como Comeytraga? ¿Por qué?

4 ¿De qué trata el cuento principalmente?

5 Compara el pueblo en que vivía Pirimpimpón con el de Comeytraga. ¿En qué se parecen? ¿En qué se diferencian?

Escribir una noticia

Escribe una noticia humorística sobre la ciudad de Comeytraga. Da detalles acerca de lo que les ocurrió a sus habitantes.

Hacer una historieta

Dibuja una historieta basada en una de las escenas de "Nublado con posibilidades de albóndigas". Marca las secciones de la historieta y luego dibuja los personajes con lápiz. Escribe textos breves para contar lo que pasa. Después de escribir el diálogo, colorea la historieta con marcadores.

Simulacro de lluvia

Corta una botella de plástico por la mitad. Pide a un adulto que caliente un poco de agua hasta casi hervir y que la vierta luego en la mitad inferior de la botella. Coloca encima la parte superior de la botella pero al revés y con algunos cubitos de hielo. Observa lo que le ocurre al agua que hay en la botella.

Obtener más información

En el pueblo de Comeytraga, la gente mira los informes meteorológicos para saber qué comida caerá del cielo. ¿Cómo es el clima en otras partes del mundo? Elige un lugar y averigua su clima.

Leer carteles

Vivimos rodeados de carteles. Algunos carteles dan información, otros anuncian cosas. Los carteles que anuncian cosas a menudo emplean métodos de propaganda. Las **propagandas** frecuentemente hacen ver que algo es más importante de lo que realmente es.

Responde a las siguientes preguntas respecto a los carteles.

1 ¿Qué carteles no anuncian nada?

2 ¿Cuánto es la multa si tiras basura en Villa Alpina?

3 ¿Qué carteles contienen exageraciones o información falsa?

4 ¿Qué harías para saber si lo que dice el cartel de la juguetería es cierto?

5 ¿Usan exageraciones o información falsa los carteles de la biblioteca y de la policía? Explica tu respuesta.

Sugerencia para exámenes
Busca pistas que se refieran a la palabra subrayada para saber qué significa.

INDICACIONES:

Lee el texto. Luego lee cada una de las preguntas.

MODELO

El tenis

El tenis es uno de los deportes más populares del mundo. Se puede jugar con un jugador de cada lado de la red. También se puede jugar con dos de cada lado. A esto se le llama tenis doble.

Para obtener puntos los jugadores intentan mandar la pelota de tal forma que los adversarios no puedan devolverla. ¡Es muy divertido jugar o mirar un partido!

Para jugar tenis hace falta mucha velocidad y resistencia. Un partido suele durar de dos a tres horas y los jugadores deben correr mucho.

Cualquiera puede jugar al tenis, pero los mejores jugadores del mundo son fuertes, veloces e inteligentes.

1 El texto trata de:

○ la ropa que se usa en el tenis.

○ cuántos pueden jugar al tenis.

○ cómo darle a la pelota de tenis.

○ cómo se juega al tenis.

2 En el texto, la palabra resistencia indica que los jugadores deben:

○ correr por mucho tiempo.

○ mandar la pelota al otro lado.

○ jugar en equipo.

○ vestirse de forma diferente.

Un móvil es un tipo especial de arte. Los móviles están formados de piezas que cuelgan. Las partes de un móvil se mueven con el movimiento del aire.

Mira el móvil. ¿Qué figuras y colores ves? ¿Cuál crees que es la parte principal del móvil? ¿Qué título le pondrías a este móvil?

Mira detalladamente el móvil. ¿En qué te hacen pensar las partes en movimiento? Explica tus respuestas.

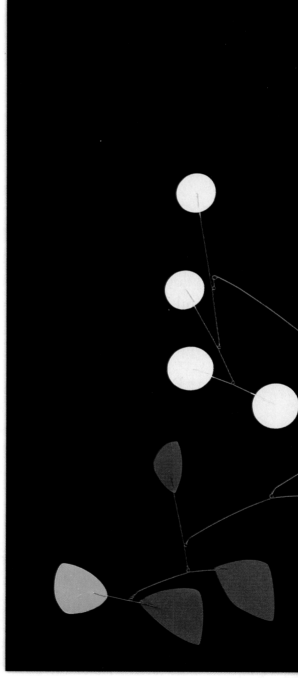

La boya azul,
Alexander Calder

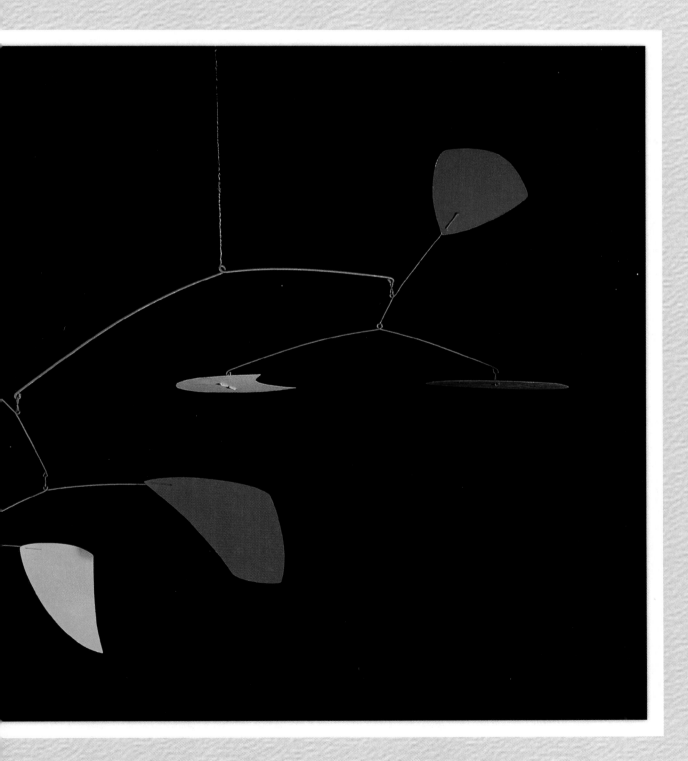

FOR KIDS

¡Energía limpia!

Los científicos transforman la luz del Sol y el viento en energía no contaminante.

258

La próxima ola de energía

Piensa en cuántas veces has usado la electricidad en el día de hoy. ¿Has encendido la luz? ¿Has mirado televisión? Entonces has usado energía eléctrica.

¿De dónde viene esta energía? Suele proceder de quemar combustibles como el gas, el carbón o el petróleo. Hay unas grandes fábricas llamadas centrales eléctricas, donde se queman estos combustibles para convertirlos en electricidad.

El gas, el carbón y el petróleo son combustibles fósiles. Se forman en las profundidades de la tierra a partir de restos de animales y plantas que vivieron hace millones de años.

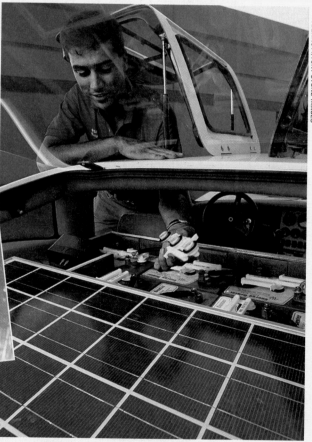

Este huevo se está cocinando con la luz del Sol en una cocina solar.

Algún día, los vehículos podrán funcionar con energía solar. Este es un prototipo de vehículo solar del futuro.

259

Esta "granja" solar almacena energía procedente del Sol. Cada uno de los paneles recoge luz solar. Esta luz se convierte en electricidad.

Tardan todo ese tiempo en formarse. La mayor parte de la energía que se consume en el mundo, procede de los combustibles fósiles. Pero al quemarlos se emiten gases contaminantes. Estos gases causan la contaminación del planeta.

Por eso, los científicos están buscando maneras más limpias de obtener energía. Han encontrado algunas soluciones en el viento y en la luz del Sol.

"La energía del Sol y del viento son muy importantes en nuestro planeta", dice Nancy Hazard, que trabaja en un equipo de estudio de nuevas fuentes de energía.

En Japón se construyen casas con tejas especiales que atrapan la luz del Sol.

Esas tejas transforman la luz solar y pueden generar suficiente electricidad para toda una familia. Durante los próximos años, se construirán 70,000 casas de este tipo.

INVESTIGA
Visita nuestra página web:
www.mhschool.com/

Limpia como el viento

Los molinos de viento se han usado desde hace siglos como fuentes de energía en Holanda y otros países. Hoy en día, se están construyendo por toda Europa, Asia y Estados Unidos. Los molinos de viento actuales pueden atrapar el viento más ligero y convertirlo en electricidad. Algún día se acabarán el carbón y el petróleo. Pero podremos contar con la energía procedente del Sol y del viento. Según Nancy Hazard, "la clave del futuro está en la energía solar y del viento".

IZQUIERDA: FPG; DERECHA: PICTOR

Los paneles de esta central eléctrica sirven para convertir la luz del Sol en energía útil.

Los molinos de esta central eólica producen energía eléctrica.

¿LO SABÍAS?

🌬 **La central eólica más grande del mundo está en Altmont Pass, California. ¡Tiene 6,500 molinos!**

🌬 **El viento de Dakota del Norte, Dakota del Sur y Texas, puede generar suficiente electricidad para todo EE.UU.**

☀ **¡El Sol se apagará dentro de cinco mil millones de años! (Lo cual no te salva de hacer tus tareas.)**

Basado en un artículo de *TIME FOR KIDS*.

Preguntas y actividades

1. Escribe los nombres de dos combustibles que se utilizan para producir electricidad.

2. ¿Qué dos fuentes de energía limpia se comentan en el artículo?

3. ¿Por qué los científicos investigan formas nuevas de producir energía? Explica tu respuesta.

4. ¿Cuál es la idea principal de la selección?

5. Si Tania, la muchacha de "La colcha de retazos", leyera este artículo, ¿qué ideas podría aportar acerca del reciclaje? Explica tu respuesta.

Escribir un Ensayo

Escribe un ensayo acerca de las diferentes fuentes de energía limpia. Da tres buenas razones por las cuales usar energía solar o eólica en lugar del gas, el carbón o el petróleo es una buena idea.

Estudiar un dinosaurio

Los científicos estudian los fósiles para aprender hechos sobre los dinosaurios. Haz una tarjeta de hechos sobre tu dinosaurio preferido. Especifica dónde fue encontrado, de qué se alimentaba y en qué periodo vivió. Luego dibújalo en su hábitat.

Té solar

Usa la energía solar para preparar un té solar. Llena una botella de vidrio con agua purificada y añádele unos saquitos de té. Cierra la botella y déjala en una ventana donde le dé el sol. Anota cuánto tarda el sol en calentar el agua y preparar el té.

Obtener más información

¿Para qué se usa la energía solar? ¿En los sistemas de calefacción de las casas? ¿Podría usarse para propulsar un automóvil? Busca más información en un libro de ciencias o enciclopedia. Comparte la información con tus compañeros.

DESTREZAS DE ESTUDIO

Leer un anuncio

Los **anuncios** se escriben para vender productos. Primero, para interesar al público cuentan el uso del producto. Luego, hacen ver que realmente todo el mundo lo necesita.

Sombrero solar

~ ¡Refréscate con un sombrero solar!

~ Como tiene un ventilador que funciona con energía solar, cuánto más estés bajo el sol, más fresco estarás.

~ No tienes que comprar pilas porque funciona con energía solar. Es ideal para las personas que les gusta estar al aire libre. Es el mejor sombrero del mundo.

~ Además, es muy bonito. Vas a querer llevarlo siempre. Los hay de colores preciosos: limón fresco, azul hielo y blanco helado.

Responde a estas preguntas respecto al anuncio.

1 ¿Qué es el sombrero solar?

2 ¿Por qué la ilustración es una parte importante del anuncio?

3 ¿Crees que todo lo que dice el anuncio es cierto? ¿Por qué?

4 ¿Por qué crees que el anuncio dice "Vas a querer llevarlo siempre"?

5 ¿Crees que este anuncio hará que la gente compre un sombrero solar? ¿Por qué?

INDICACIONES:

Lee el texto. Luego lee cada una de las preguntas.

MODELO

Las aventuras de Eva

Cuando cumplió ocho años, Eva ya había vivido en tres países diferentes. Su padre debía mudarse con frecuencia por su trabajo. A Eva le gustaba aprender cosas nuevas en cada lugar.

Eva tenía talento para los idiomas. Había aprendido a hablar tres. Su idioma favorito era el alemán, que su mamá también hablaba. Ellas hablaban en alemán por largas horas.

Un día, Eva dijo:

—Papá, me gustaría vivir en todos los países del mundo para aprender todos los idiomas.

—Eva —le contestó el padre— estoy orgulloso de ti.

1 ¿De qué trata este cuento?

○ El padre de Eva tenía un buen trabajo.

○ A Eva le gustaba vivir en lugares nuevos.

○ La madre de Eva no hablaba alemán.

○ A Eva no le gustaba el alemán.

2 ¿Cuál de éstos es un HECHO en el cuento?

○ Eva hablaba alemán con su madre.

○ Es divertido mudarse a un lugar nuevo.

○ En Alemania hace frío.

○ Los padres de Eva trabajan mucho.

CUENTO
DE LA
luna niña

La luna
llegó a mi patio
con sandalias
de oro y plata.
Bailó con el limonero
a los compases
del agua.

¡Ay que ha perdido
la luna esta noche
una sandalia,
cuando huía
por el cielo
frío de la madrugada!

El pitirre
vocinglero
dirá hoy
en su ventana:
—¿Qué niña perdió
esta noche
en el patio
una sandalia?
¡El príncipe
limonero
quiere al alba
desposarla!

La niña-luna
en el cielo,
con un traje
de esperanza,
le sonreirá
al limonero
que le ofrece
la sandalia.
¡Ay cuento
de luna-niña!
¡Ay sueño
de limón y agua!

Ester Feliciano Mendoza

Querer es poder

Sueño despierto

Yo sueño con los ojos
abiertos, y de día
y noche siempre sueño.
Y sobre las espumas
del ancho mar revuelto,
y por entre las crespas
arenas del desierto,
y del león pujante,
monarca de mi pecho,
montado alegremente
sobre el sumiso cuello
¡un niño que me llama
flotando siempre veo!

José Martí

Arte y Literatura

Esta pintura es acerca de un evento especial. Mirando los detalles de la pintura podemos deducir qué es lo que está pasando.

Mira la pintura. ¿Qué puedes decir acerca de ella? ¿Por qué crees que la familia entera está preparando tamales? ¿Qué pasará luego?

Si de pronto esta pintura se convirtiera en una escena real, ¿qué dirían los personajes? ¿Qué música escucharías?

Tamalada.
Carmen Lomas Garza, 1987

CARMEN LOMAS GARZA
©1987
TAMALADA

Conozcamos a Hilda Perera

Nació en La Habana, Cuba. Cursó estudios universitarios en La Habana y en Miami. Comenzó su carrera literaria a temprana edad y a los 17 años ya había publicado su primer libro, *Cuentos de Apolo* que ha sido traducido a ocho idiomas y está considerado un clásico de la literatura infantil cubana. La obra de Hilda Perera alterna la novela para adultos y la destinada a los niños. Entre sus libros infantiles se encuentran: *Cuentos para chicos y grandes* (1975), que ganó el premio Lazarillo, *Pepín y el abuelo* (1982) y *La jaula del unicornio* (1990). También ha colaborado con organismos educativos. Su libro *La pata Pita*, un texto dedicado a enseñar a leer en español, ha sido utilizado por varias generaciones de maestros. En la actualidad, Hilda Perera reside en Miami.

Conozcamos a Carlos Rodríguez Rosillo

Carlos Rodríguez Rosillo es licenciado en Bellas Artes y lleva años dedicado a la ilustración de literatura infantil y juvenil, como también a la de libros de texto para niños. Su formación ha seguido varias trayectorias. Asistió a cursos de pintura y dibujo en Salamanca y de diseño en Milán, Italia. Su curiosidad y deseo de aplicar técnicas nuevas lo han llevado también al estudio del grafismo digital, sin perder por ello la sensibilidad y el sentido realista que tienen todos sus dibujos.

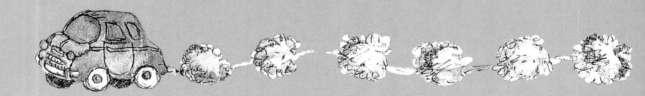

EL AUTOMÓVIL DE MI ABUELO

Hilda Perera

Ilustraciones de

Carlos Rodríguez Rosillo

273

Julián era un abuelo recio, bueno y bruto. Tenía el cuerpo cuadrado como un armario y los músculos poderosos de quien ha pasado la vida cargando maletas. Con su uniforme gris de botones plateados, era lo que hacía en el Hotel Imperial de Madrid desde hacía muchos años. La poca gente que de veras llegaba a mirarlo podía ver que todo su aspecto tosco y casi primitivo lo desmentían dos ojos azules y sencillos de mirar directo que predicaban ternura, resignación y trabajo.

Julián tenía un solo motivo concreto para perdonar a la vida las hambres, fríos y esfuerzos sin logro que le había hecho pasar: su nieto Juanillo, un niño de nueve años, primero en su clase, que cada noche bajaba corriendo del quinto piso segundo izquierda para rodearle el cuello con un abrazo. Una alegría de chico; lo único que le quedaba a Julián como recuerdo de su mujer campesina y de una hija bonita que murió joven.

Como no tenía el abuelo otra manera de cultivar en el niño la ilusión, ni de cultivarla en sí mismo, cada noche, cuando llegaba cansado, entre los dos encendían la lucecilla de un sueño compartido hace tiempo: algún día, cuando reunieran poco a poco, ahorrando aquí y allá del poco sueldo, él, Julián Argüelles Melilla, le iba a comprar a su nieto un coche, nuevo o usado, de cuatro plazas, rojo, y con cambio manual.

Los paseos que daban a todo lo largo de la calle Alcalá
o de la Castellana eran por cazar con la vista, entre el
tráfico hormigueante, algún coche desvencijado que con la
imaginación podían comprar a poco precio, pintar, armar y
desarmar hasta que les quedara como nuevo.

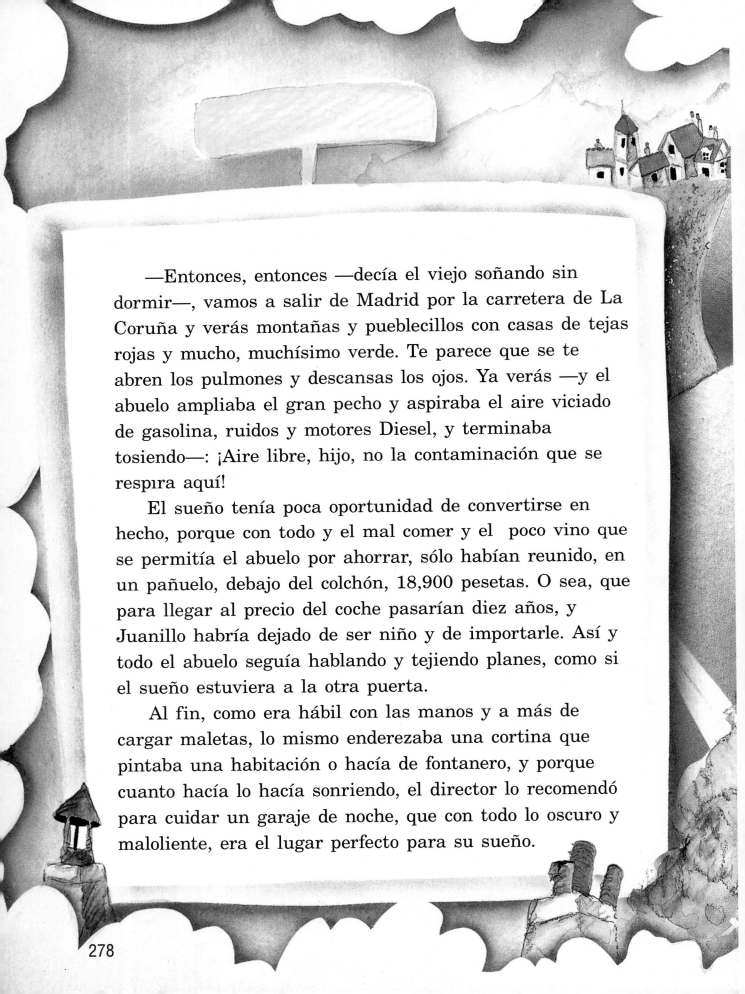

—Entonces, entonces —decía el viejo soñando sin dormir—, vamos a salir de Madrid por la carretera de La Coruña y verás montañas y pueblecillos con casas de tejas rojas y mucho, muchísimo verde. Te parece que se te abren los pulmones y descansas los ojos. Ya verás —y el abuelo ampliaba el gran pecho y aspiraba el aire viciado de gasolina, ruidos y motores Diesel, y terminaba tosiendo—: ¡Aire libre, hijo, no la contaminación que se respira aquí!

El sueño tenía poca oportunidad de convertirse en hecho, porque con todo y el mal comer y el poco vino que se permitía el abuelo por ahorrar, sólo habían reunido, en un pañuelo, debajo del colchón, 18,900 pesetas. O sea, que para llegar al precio del coche pasarían diez años, y Juanillo habría dejado de ser niño y de importarle. Así y todo el abuelo seguía hablando y tejiendo planes, como si el sueño estuviera a la otra puerta.

Al fin, como era hábil con las manos y a más de cargar maletas, lo mismo enderezaba una cortina que pintaba una habitación o hacía de fontanero, y porque cuanto hacía lo hacía sonriendo, el director lo recomendó para cuidar un garaje de noche, que con todo lo oscuro y maloliente, era el lugar perfecto para su sueño.

Allí, abuelo y nieto se estaban horas y horas mirando el Dodge-Dart de Don Salustiano, o el Mercedes Benz del Director del Banco, o el Audi de Angelita, la secretaria. Abrían los capós para mirar cómo eran los coches por dentro, y les olía el aliento a aceite y a gasolina, que los mareaba un poco, pero siquiera el olor los acercaba al coche soñado.

Así, después de un año, con el trabajo doble y el pedir poco de Juanillo, reunieron lo preciso en la mitad de tiempo. El abuelo consiguió, después de mucho ver, rever y regatear, que le vendieran un coche, escacharrado por detrás, descascarillado de pintura, mal de frenos y peor de bujías, pero coche al fin y al cabo.

Cuando lo tuvieron montado en el potro, porque no tenía neumáticos, los dos se abrazaron bailoteando en torno al tesoro que les iba a abrir camino a Cercedilla, a la Sierra, a la nieve blanca, al campo verde y a la Castilla entrañable y ancha que el abuelo guardaba en su corazón, para el día del regreso.

Lo pintaron juntos de un rojo que se viera de lejos. Un mecánico, que se llamaba Justino, le cambió el freno y las bujías y les enseñó muchísimo sobre dónde tienen el corazón los coches, por dónde comen y cuáles son sus riñones, aunque sean otros los nombres que les den.

Los neumáticos los consiguieron uno a uno de uso, a regateo y ahorro. Al coche le cromaron todo lo cromable hasta que, al fin, después de seis meses de esfuerzo, adquirió el aspecto próspero y eficiente que deben tener los coches de sueño. El abuelo anunció triunfante:

—El domingo, Juanillo, nos vamos a Cercedilla.

Justino dijo que no, hasta que le cambiara la batería, pero abuelo y nieto, regocijados, jugaban a conducir su coche poniendo primera, segunda..., sin moverlo, hasta que Justino les dio el visto bueno:

—Ahora sí que está.

—Pues hoy mismo salimos.

Justino puso cara de no.

—Primero tienes que sacar el carné de conducir; si no, vas a terminar en Chirona en vez de en Cercedilla.

—¡Si lo difícil era conseguir el dinero y entender un coche por dentro, la licencia la tengo yo en un santiamén! Ya verás —contestó el abuelo con una pizca de orgullo.

Se fue a la autoescuela muy ufano, pero regresó igual que perro apaleado y hambriento.

—Juanillo, ni con el carné de la clínica, ni con todo lo que sé de mecánica me dan la licencia. Tengo que pasar un examen, que además cuesta mucho.

—¡Y lo pasas! Y ahorramos y lo pagamos.

Mirando de reojo al nieto y temiendo el efecto de su confesión, dijo el abuelo:

—Pero tú sabes, hijo, yo nunca pude aprender a leer. ¡No sé escribir ni una "o" como Dios manda!

—Pero eso lo aprendes enseguida —dijo Juanillo, cuidándole el orgullo—. Verás que yo te enseño en un dos por tres.

Y así, cada noche se sentaban abuelo y nieto, aprendiz y maestro, tartamudeando que *ma, me, mi, mo, mu* y *ta, te, ti, to, tu*. Hasta que el abuelo, un jueves, y colocando su dedo índice debajo de cada letra, leyó despacio y con gran esfuerzo:

—Mi-ma-má-me-a-ma. A-mo-a-mi-ma-má.

Luego, cogiendo impulso (pues medio se lo sabía de memoria):

—*Mimamáamasalamasadelpan.*

El niño lo abrazó y el abuelo pensó que mañana iba al examen. Esa noche salieron por un Madrid iluminado a leer letreros, que el abuelo descifraba, tartamudo y feliz.

A la mañana siguiente, se puso de traje y corbata, se limpió las uñas con cepillo, y entró al edificio rezando padrenuestros y avemarías sin coger aire, para darse confianza.

Así y todo resultó un desastre.

Lo recibió un señor con cara de don, mirándolo como a poca cosa; le dijo, con lo que al abuelo le pareció mal modo, que se sentara a contestar las preguntas; por último, lo amenazó diciendo que tenía sólo media hora. Con el nerviosismo, a Julián se le enredaban las líneas, comenzaba una pregunta y, por un salto de vista, terminaba en otra y no entendía ni pío.

A la hora de escribir, sus letras parecían caritas burlonas y le salían gigantes o enanas o cojas o gibosas. Agonizando, mirando cómo las agujas del reloj tijereteaban el tiempo, logró un suspenso. Salió lívido, mareado, con dolor de cabeza y un gran desánimo dentro.

De allí fue al garaje donde era guardián de noche. Entró haciendo un ruido infernal con la puerta metálica, la maldijo mil veces, y a su pueblo pobre y a su ningún maestro, y a su miseria de siempre y a su falta de libros. Estático, en el medio del garaje, el coche, flamante y rojo, le pareció una ofensa; como si hicieran guiños de risa y burla cada destello de sus superficies cromadas. Sin pensar lo que hacía, Julián quiso vengarse del tiempo y el trabajo que le había dedicado, de los dolores y cansancios y fatigas que había pagado por él, y cogiendo una llave inglesa, comenzó a darle porrazos que abollaban sus guardabarros, pateó sus neumáticos e hizo saltar en pedazos el parabrisas.

Hubiera seguido el destrozo si no fuera porque desde dentro del coche oyó una voz que le llamaba: ¡abuelo!; y, sobre todo, porque vio los ojos indefensos y espantados de Juanillo.

Entonces se apoyó sobre la carrocería del coche y rompió a llorar.

Allí fue que el niño se sintió hombre por primera vez y hasta quizás un poco padre. Por las calles quietas del casi amanecer, donde la lluvia torrencial de dos mangueras limpiaba Madrid, fue consolando al viejo que gimoteaba aún:

—Ya verás, abuelo... Ya verás, ya verás...

Porque era todo lo que se le ocurría decir.

Juanillo comprendió que para el abuelo el coche tenía más importancia por sueño de toda una vida que por simple coche. Ahora era él quien debía luchar para conseguirlo, o el pobre Julián Argüelles y Melilla nunca más se respetaría a sí mismo; nunca más miraría franco y directo a los ojos de nadie; nunca más se atrevería a aconsejarle tozudez y empeño a su único nieto; nunca más hablaría de paciencias necesarias y esperas útiles. Comprendió que no siempre la verdad consuela y dijo, como si acabara de ocurrírsele:

—¡Son los lentes, abuelo!

—¿Cómo que son los lentes?

—Eso mismo. No es que no sepas leer; es que a tu edad todo el mundo necesita lentes. ¡Eso es!

El abuelo se dejó convencer y juntos se fueron al oculista de la clínica, y un poco por ayudarse a tener excusa, un poco porque era cierto, y otro porque se le nublaba la vista, leyó "p" donde era "b" y "j" donde era "f". El oculista, muy satisfecho, le acusó de miope y le recetó unos lentes carísimos.

Sin que el abuelo se diera cuenta, cuando fueron a la óptica, Juanillo pidió que demoraran los lentes lo más posible y salieron los dos, el nieto y el abuelo, felices de haber podido engañarse mutuamente.

—¡Si te lo decía! ¡En cuanto tengas los lentes leerás más rápido que Don Salustiano!

288

Por si acaso, durante todo el mes, apenas llegaba el abuelo, allí estaba Juanillo con el puchero listo y la cartilla abierta, y se estaban los dos leyendo y practicando hasta que se morían de sueño. Al fin, temiendo que el abuelo nunca llegara a leer deprisa, Juanillo le enseñó cómo comenzaba cada una de las preguntas del libro que consiguió prestado y le hizo aprender de memoria las respuestas. Al fin y al cabo, sólo con la memoria, ¿no era casi sabio el abuelo? También con disciplina amable, hizo que repitiera muchos cuestionarios copiando las preguntas.

Al mes justo, el abuelo se vistió con traje y corbata, se pulió las uñas con cepillo, se estrenó los lentes que nada le resolvían, y entró al edificio del examen rezando padrenuestros y avemarías. En dos horas tenía en sus manos el más cuadrado, plastificado y trabajoso de todos sus triunfos: el carné de conducir.

Lo guardó con mucho cuidado en el bosillo derecho, fue a buscar el coche, puso primera, segunda y tercera con más triunfo que un general triunfante y, tocando aparatosamente el claxon, le avisó a Juanillo, que bajó volando del quinto piso segundo izquierda.

—¡Vamos, hombre, sube! —dijo el abuelo con cara de Pascua.

Juntos y felices atravesaron las calles haciendo eses entre los coches. Salieron de Madrid, tomaron la autopista y, cuando después de millas de carretera que devoraba el coche vieron extenderse la gloria abierta y dorada de Castilla, miró el abuelo al nieto:

—¿Ves? ¿No te lo decía, Juanillo, que algún día tú y yo, con un coche...? —se le humedecieron los ojos y, aunque no pudo terminar, todo, todo lo comprendió Juanillo.

Preguntas y actividades

1 ¿Cómo logró el abuelo comprar el auto?

2 ¿Dónde crees que fueron tras salir de Madrid? Explica tu respuesta.

3 Si tu fueses el niño del cuento, ¿hubieras reaccionado igual al ver a tu abuelo destrozando el auto?

4 ¿Cómo resumirías este cuento?

5.Si Juanillo pudiera encontrarse con Benjamin Franklin, ¿de qué hablarían? Explica tu respuesta.

Escribir un suceso biográfico

Imagina que eres un periodista de televisión. Escribe un breve reportaje acerca de la historia que se nos narra en el cuento. Incluye alguna anécdota del cuento que haga más entretenido tu reportaje.

Dibujar dos instrumentos ópticos

Desde hace mucho tiempo, los seres humanos han creado diferentes instrumentos que permiten ver mejor. El telescopio, el microscopio, las gafas y los largavistas son algunos de esos instrumentos. Escoge dos y busca en la enciclopedia la fecha en que fueron inventados, el nombre del inventor y la utilidad práctica que tienen. Dibuja los instrumentos que escogiste.

Hacer una gráfica de barras

¿Qué actividades realizas habitualmente con tus abuelos u otros miembros de la familia? ¿Cuál de ellas prefieres? A partir de estas preguntas, haz una encuesta entre tus compañeros de clase y refleja los resultados en una gráfica de barras.

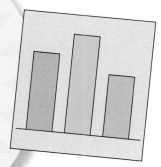

Obtener más información

La rueda fue uno de los grandes descubrimientos de la humanidad. Sin ella, muchas cosas hubieran sido imposibles o muy penosas de realizar. Busca en una enciclopedia cuándo y dónde se usó por primera vez. Luego, enumera al menos diez usos distintos de la rueda.

Plano de una biblioteca

El **plano de una biblioteca** sirve para orientarnos con facilidad dentro de la misma biblioteca. En el plano se indican secciones generales. Una vez que te encuentres en la sección que buscas, encontrarás los libros ordenados alfabéticamente o por temas.

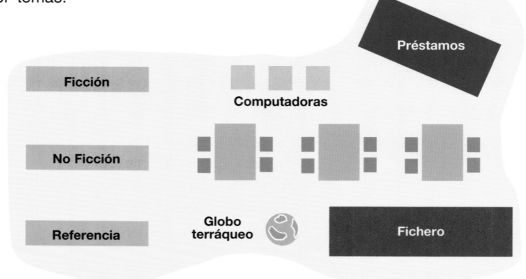

Responde a las siguientes preguntas sobre el plano de esta biblioteca.

1 ¿En qué sección buscarías *El automóvil de mi abuelo*?

2 ¿En qué sección buscarías un libro sobre autos?

3 Imagínate que este cuento se ha filmado, ¿en qué sección podrías encontrar la película?

4 Hoy vas a devolver un libro y a buscar otro sobre la historia de tu país para llevártelo a casa. ¿A qué secciones deberás ir?

5 ¿Qué otra sección podría existir en esta biblioteca?

INDICACIONES:

Lee el texto. Luego lee cada una de las preguntas.

MODELO

Los agentes de policía

A todos nos gusta que haya agentes de policía. Ellos ayudan a mantener la seguridad en tu pueblo o ciudad.

La policía de tu zona trabaja en equipo. Los agentes están preparados para resolver problemas en muy poco tiempo.

Los agentes de policía usan radios especiales para poder hablar entre sí. Cuando ven a alguien en dificultades, pueden pedir ayuda a otros policías.

Ser agente de policía es un trabajo gratificante. Los agentes de policía saben que se acude a ellos en busca de seguridad y consejo. ¡De eso se trata su trabajo!

1 El texto dice que se cree que los agentes de policía:

○ deben trabajar más.

○ mantienen la seguridad.

○ no son muy rápidos.

○ llevan uniformes raros.

2 En el texto, ¿cuál NO es un hecho sobre los agentes de policía?

○ Saben que se acude a ellos en busca de seguridad.

○ Trabajan solos.

○ Piensan que ser policía es un trabajo gratificante.

○ Mantienen la seguridad en la ciudad.

Arte y Literatura

Dos peces de cantera,   Karl Ciesluk, 1993

Algunas fotografías
pueden sorprendernos.
Nos hacen ver las cosas
de un modo nuevo y
diferente.

Observa esta fotografía.
¿Qué ves? ¿Qué te
imaginas que pasó para
que las piedras
quedaran así? ¿Crees
que el fotógrafo quería
que viéramos las piedras
reflejadas en el agua?
¿Por qué?

Fíjate de nuevo en la
fotografía. ¿En qué se
parece a una pintura?
¿Y en qué se diferencia?

Chris Van Allsburg

Si vieras hormigas en la cocina, ¿qué pensarías?

Probablemente pienses: "¡Qué asco!", "¡Qué interesante!" o "¡Qué graciosas!".

Cuando Chris Van Allsburg vio dos hormigas en su cocina, pensó: "Si yo fuera una hormiga que mirara desde adentro de un tomacorrientes, vería los agujeros por los que entra la luz como puertas de 15 pies de largo abiertas en el espacio". Así nació la idea de escribir el cuento "Dos hormigas traviesas".

El talento que tiene Chris Van Allsburg para mirar el mundo de una manera diferente le ha permitido ganar el premio más importante que se otorga en los Estados Unidos a los libros infantiles con ilustraciones: la Medalla Caldecott. Premio que ha ganado no sólo una sino dos veces: por *Jumanji* en 1982 y por *El Expreso Polar* en 1986.

Esta manera de mirar el mundo también le ha hecho ganar muchos admiradores.

Chris Van Allsburg con algunas de sus esculturas

EL EXPRESO POLAR

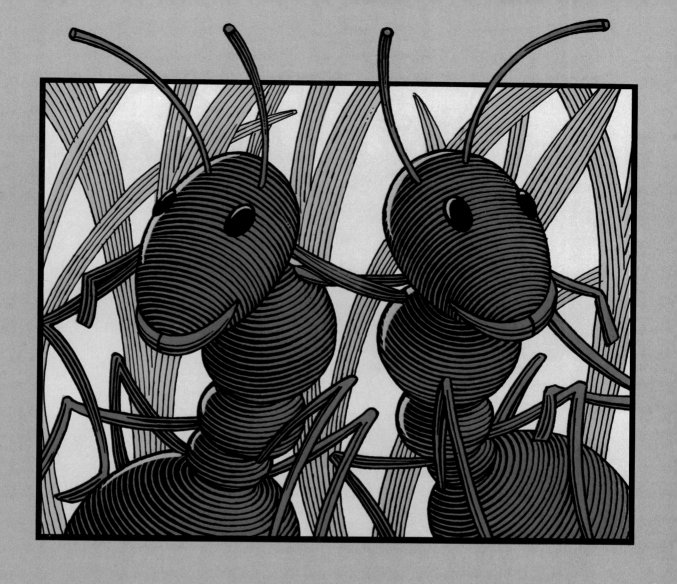

DOS
HORMIGAS
TRAVIESAS

CHRIS VAN ALLSBURG

Por los túneles del mundo de las hormigas las noticias corrían rápidamente. Una hormiga exploradora había vuelto con un descubrimiento maravilloso: un bellísimo y brillante cristal. Cuando la hormiga exploradora ofreció el cristal a la hormiga reina, ésta primero le dio una probadita y luego se comió rápidamente todo el cristal.

Le pareció la cosa más exquisita que había
probado en toda su vida. Nada en el mundo la haría
más feliz que comer más, mucho más de esta delicia.
Las demás hormigas comprendieron. Anhelaban
recolectar más cristales para la reina porque ella era
la madre de todas ellas. El bienestar del hormiguero
dependía de la felicidad de la hormiga reina.

Emprendieron la marcha cuando ya atardecía.
Caían sombras largas sobre la entrada del reino de
las hormigas. Una tras otra, seguían a la hormiga
exploradora. Ésta les había avisado que el viaje era
largo y peligroso, pero que había muchos cristales
donde se había encontrado el primer cristal.

Las hormigas iban en fila por el bosque que
rodeaba su hogar subterráneo. Empezaba a caer la
noche y el cielo se hacía cada vez más oscuro. El
camino que tomaron daba vueltas y más vueltas.
Cada curva las llevaba más adentro del bosque.

Las hormigas se detuvieron ansiosas más de una vez para ver si oían el ruido de las arañas hambrientas. Pero lo único que oían era el canto de los grillos que resonaba como truenos lejanos por el bosque.

Había rocío en las hojas de arriba. De repente, enormes gotas frías empezaron a caer sobre la fila de hormigas. Por arriba pasó una luciérnaga que, por un instante, iluminó el bosque con una chispa cegadora de luz azul verdosa.

A la orilla del bosque se alzaba una montaña.
Las hormigas miraron hacia arriba, sin poder divisar
el pico. Parecía llegar hasta el mismo cielo. Pero no
se detuvieron. Por un costado treparon, cada vez
más alto.

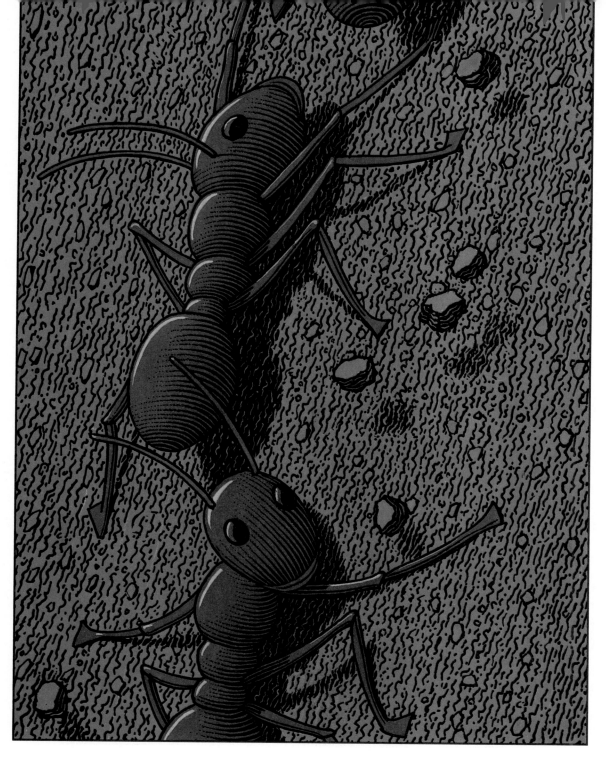

Silbaba el viento a través de las grietas de la ladera de la montaña. Las hormigas sentían que la fuerza del viento doblaba sus finas antenas. Las patitas se les ponían más y más débiles mientras avanzaban penosamente hacia arriba. Por fin dieron con una salida y se metieron por un túnel estrecho.

Al salir del túnel, las hormigas se encontraron con
un mundo desconocido. Los olores de siempre —los
olores a tierra, a hierba y a plantitas podridas—
habían desaparecido. Ya no había más viento, pero lo
que les parecía más raro todavía era que había
desaparecido el cielo.

Atravesaron superficies lisas y brillantes. Luego siguieron a la hormiga exploradora, hacia arriba por una pared curva que parecía vidrio. Habían llegado a la meta. Desde lo alto de la pared, divisaron un mar de cristales. Una por una las hormigas bajaron hacia el brillante tesoro.

Rápidamente cada hormiga escogía un cristal y luego se daba vuelta y empezaba el regreso a casa. Este sitio extraño ponía nerviosas a las hormigas. Se marcharon tan de prisa que nadie se dio cuenta de que se quedaban atrás dos hormiguitas.

—¿Para qué regresar? —preguntó una—. No estamos como en casa, pero ¡hay tantos cristales!

—Tienes toda la razón —respondió la otra hormiguita—. Si nos quedamos aquí podremos comer de esta golosina toda la vida.

De modo que se comieron un cristal tras otro hasta que no pudieron más y se quedaron dormidas.

Amanecía. Las hormiguitas dormían sin
enterarse de los cambios que ocurrían en su nuevo
hogar. Por encima de ellas flotaba una pala
plateada gigantesca que, de repente, se hundió en
los cristales y se llevó por los aires no sólo a los
cristales, sino también a las hormiguitas.

Ya estaban las hormiguitas completamente
despiertas cuando la pala se volteó y las dejó caer
desde una altura espantosa. Después de rodar por
el aire en una nevada de cristales, cayeron en un
lago hirviente de color oscuro.

Luego, la pala gigantesca revolvió violentamente las aguas. Esto provocó unas olas enormes que rompían contra las hormiguitas. Chapotearon con todas sus fuerzas para mantener las cabecitas fuera del agua. Sin embargo, la pala no dejaba de agitar el caliente líquido de color oscuro.

De tanto dar vueltas, la pala creó un remolino que chupaba a las hormiguitas más y más hacia el fondo. Las dos contuvieron la respiración y así pudieron salir a la superficie, jadeando y echando chorritos de aquella agua fea y amarga.

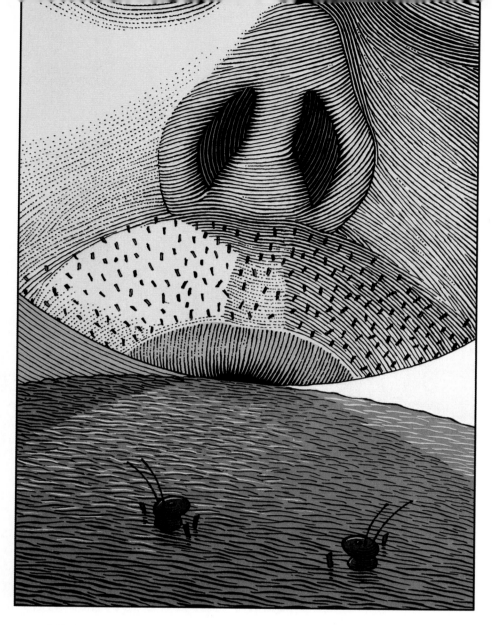

El lago se inclinó y comenzó a vaciarse en una
cueva. Las hormiguitas escuchaban el torrente de
agua, y sentían que las empujaban hacia un
agujero negro. De pronto, desapareció la cueva y se
calmó el lago. Nadaron hacia la costa y vieron
que las orillas del lago eran muy empinadas.

Bajaron con prisa los muros del lago.
Atemorizadas, buscaron un refugio. Estaban muy
preocupadas. Temían que la pala gigantesca las
recogiera de nuevo. Cerca de ahí encontraron un
enorme disco redondo, con agujeros para esconderse.

Pero en cuanto se metieron, el escondite se elevó,
se inclinó y luego bajó a un lugar oscuro. Cuando
salieron de los agujeros se encontraron rodeadas de
un raro brillo rojo. Además, les parecía que la
temperatura aumentaba a cada segundo.

Al rato, hacía un calor tan tremendo que las hormiguitas pensaban que pronto iban a cocerse. Pero, de repente, se lanzó como un cohete el disco en donde estaban paradas, y las dos hormiguitas chamuscadas salieron volando por los aires.

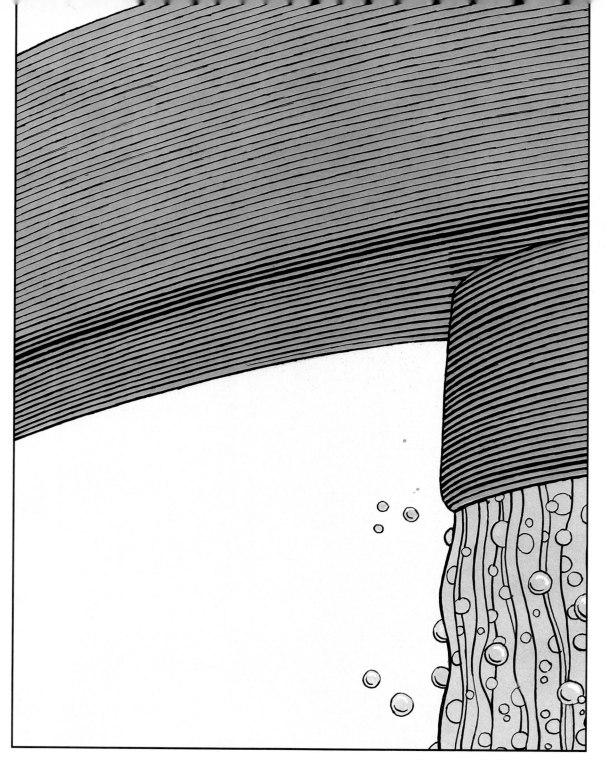

Fueron a parar cerca de algo parecido a una fuente de agua, una cascada que brotaba de un caño plateado. Como andaban muertas de sed, les dieron unas ganas locas de mojarse las cabecitas con esa agua refrescante. De modo que rápidamente subieron por el caño.

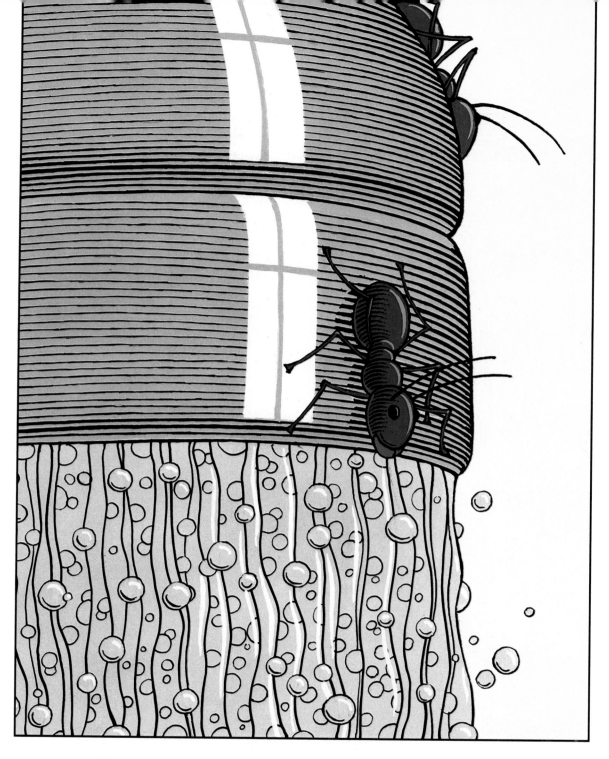

Cuanto más se acercaban al torrente de agua,
más sentían la llovizna fresca. Cuidadosamente,
se agarraron a la superficie brillante de la fuente
e inclinaron las cabecitas hacia adelante, muy
despacito, en el chorro de agua. Desafortunadamente,
la fuerza del agua fue demasiado fuerte.

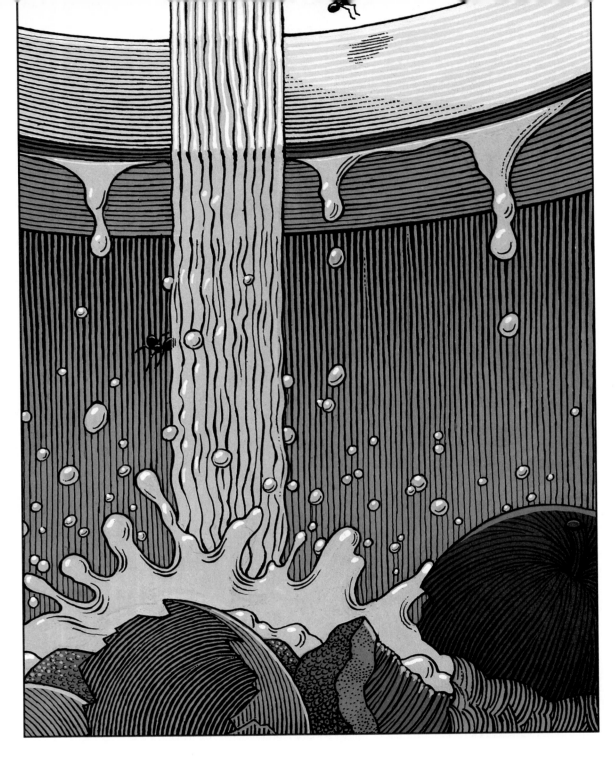

La fuerza del torrente sacó a los diminutos
insectos de la fuente y los arrojó a un lugar oscuro
y mojado. Aterrizaron encima de restos de frutas y
otras cosas muy húmedas. De repente, el aire se
llenó de un ruido fuerte y espantoso. Y el lugar
empezó a dar vueltas.

Las hormiguitas estaban atrapadas en un remolino violento de restos de comida y de una fuerte lluvia. Pero tan de repente como habían empezado, se apagó el ruido y pararon las vueltas. Mareadas y magulladas, las hormiguitas se escaparon de ese lugar oscuro.

Otra vez en pleno día, echaron a correr por los charcos y subieron por una pared lisa de metal. Algo que vieron a lo lejos las alentó: eran dos agujeros largos y estrechos que les hizo recordar el calor y la seguridad de su querido hogar subterráneo. Subieron y se metieron por esas aberturas oscuras.

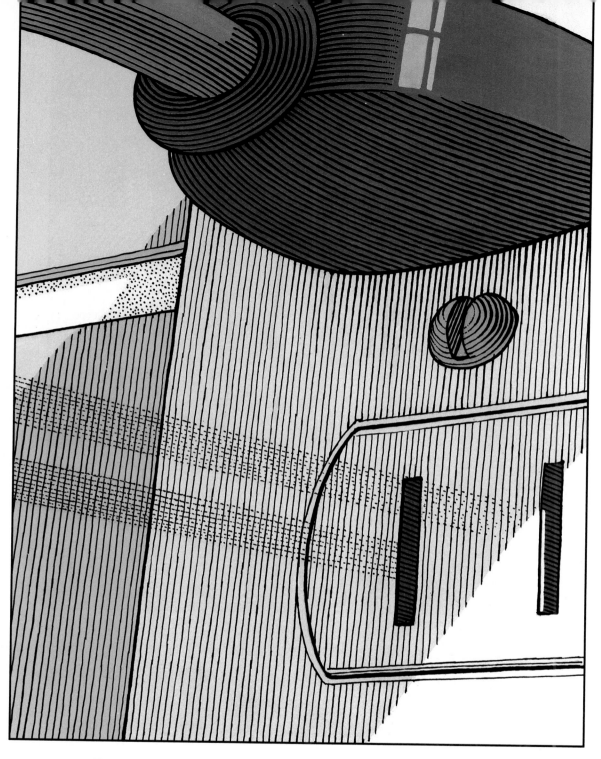

Pero dentro de estos agujeros no había ninguna seguridad. Las hormiguitas empapadas sentían una fuerza extraña que las atravesaba. Aturdidas como estaban, la fuerza las arrojó de los agujeros a una velocidad increíble. Cuando aterrizaron, las hormiguitas estaban tan agotadas que no podían más. Se arrastraron hacia un rinconcito oscuro, y ahí se quedaron bien dormidas.

Ya era noche de nuevo, cuando un sonido
familiar despertó a las apaleadas hormiguitas. Eran
los pasos de sus compañeras que volvían por más
cristales. Disimuladamente, las dos hormiguitas se
pusieron en la cola. Subieron la pared que parecía
vidrio, y una vez más se encontraron en medio del
tesoro. Pero esta vez, eligieron un solo cristal cada
una y siguieron a sus compañeras a casa.

Paradas a la entrada del hormiguero, las dos
hormiguitas escucharon los sonidos alegres que
salían de adentro. Estaban seguras de que la reina
madre se quedaría muy agradecida cuando le
entregaran los cristales. En aquel momento, las dos
hormiguitas se pusieron más contentas que nunca.
Rodeadas de sus familiares, aquí estaban en casa,
justo donde debían estar.

Preguntas y actividades

1. ¿Por qué deciden quedarse atrás las dos hormigas?

2. ¿Qué les pasó a las hormigas al despertarse por la mañana?

3. ¿Qué crees que aprendieron las dos hormigas de su aventura?

4. ¿De qué trata el cuento principalmente?

5. Imagina que las dos hormigas traviesas visitan Opt. ¿Qué tipos de aventuras les podrían ocurrir?

Escribir un diálogo

¿Qué les dijeron las dos hormigas traviesas a sus compañeras cuando regresaron a casa? Escribe un diálogo en el que las dos hormigas cuentan su aventura. Nombra a cada una de ellas para saber quién es la que habla.

Hacer una hormiga

Haz una hormiga de papel maché. Arma el cuerpo de la hormiga con globos. Luego, en un tazón mezcla harina y agua. Extiende la mezcla sobre tiras de periódico y pon éstas sobre los globos. Cuando se sequen, píntalas.

Hacer un collage de insectos

Busca fotografías de insectos en revistas viejas y recórtalas. Dibuja otros insectos. Luego, utiliza todas esas ilustraciones para hacer un collage de insectos.

Obtener más información

Investiga un poco más sobre las hormigas. ¿Tienen en realidad las comunidades de hormigas una reina? ¿Qué hacen las hormigas trabajadoras? ¿Cómo buscan el alimento y cómo lo almacenan?

Búsqueda por autor o título

Si quieres hacer una búsqueda electrónica por autor, escribe el nombre del autor –Chris Van Allsburg– y aparecerá la lista de libros de él que tu biblioteca tenga, como la lista que se ve en la pantalla de abajo. Si quieres hacer una búsqueda electrónica por título, escribe el título y aparecerá una lista alfabética por títulos.

Autor y título	Número de catálogo	© Fecha
Van Allsburg, Chris La escoba de la viuda	J Ilus V	1995
Van Allsburg, Chris Jumanji	J Fic V	1985
Van Allsburg, Chris El expreso polar	J Fic V	1985
Van Allsburg, Chris El higo más dulce	J Ilus V	1993

4 entradas   [A] = volver atrás   [R] = ir a la pantalla siguiente

Usa los datos de la búsqueda electrónica para responder a las preguntas.

1 ¿Cuántos resultados aparecieron en la búsqueda?

2 ¿Cuál de los libros que aparecen en la pantalla fue publicado en 1984?

3 J significa la sección Juvenil de la biblioteca. ¿Cuántos libros de los enumerados se encuentran allí?

4 Ilus significa Libro con ilustraciones y Fic, Ficción. ¿Qué crees que significa V?

5 ¿Por qué sería interesante leer más cuentos de Chris Van Allsburg?

Sugerencia para exámenes

Un HECHO es algo que es verdad, está en el texto y no es una opinión.

INDICACIONES:

Lee el texto. Luego lee cada una de las preguntas.

MODELO

La abuela se muda

Un día, cuando la abuela de Marcy estaba de visita, les anunció algo: —Me voy a mudar a Florida —dijo ella—. Es hora de ir a un lugar cálido.

—¿Estás segura de que Florida te va a gustar? —le preguntó Marcy.

—No lo sé, querida —le contestó la abuela—. Pero, antes de saber si a uno le va a gustar algo hay que probar.

—¿Y no nos vas a echar de menos a nosotros? —le preguntó Marcy. Su abuela la abrazó y la besó.

—Claro que sí, querida —le dijo—. ¡Pero podrás venir a visitarme cuando quieras!

1 ¿Cuál de éstos es un hecho del cuento?

○ La abuela se va a mudar a Florida.

○ La abuela es muy simpática.

○ Marcy se muda a Florida.

○ La abuela sabe que Florida le va a gustar.

2 En el cuento la palabra anunció significa:

○ dio una noticia.

○ sucedió una vez.

○ se peleó a gritos.

○ tuvo una idea.

¿Por qué son correctas tus respuestas?

327

Arte y Literatura

Esta pintura muestra parte de
una historia. Cada detalle nos
brinda un poco de información. Y
así podemos hacer deducciones
acerca de lo que pasa.

Mira la pintura. ¿Qué puedes
decir acerca de los personajes?
¿Qué están haciendo? ¿Qué
animales hay en la pintura?

Cierra los ojos. ¿Qué recuerdas
de la pintura? ¿Por qué?

En la calle,
Eugenia Louis

Eugenia Louis

Conozcamos a

Mireya Cueto

¡Arriba el telón!

Ésta es una de las frases preferidas de Mireya Cueto, una de las primeras personas que comenzó a escribir teatro para niños en México.

Mireya Cueto ha escrito *La boda de la ratita y más teatro-cuentos.* En este libro está la obra de teatro "Fábula del buen hombre y su hijo", que es una adaptación de una obra clásica española.

La escritora quiere que los niños jueguen y se diviertan. Primero, leyendo en voz alta y entre varios los "teatro cuentos", como ella llama a sus obras. Después, representándolos. Y en esta representación les pide a los niños que inventen algo, que le quiten algo a la obra, o que le cambien el final si no les gusta. Para Mireya Cueto todo eso vale en el juego de hacer teatro.

Fábula del buen hombre y su hijo

Mireya Cueto

Tomado del *Libro de los Exemplos* del
Infante Don Juan Manuel

Personajes

Campesino
Hijo
Un caminante
Doña Petra
El viejo
La niña

Escenografía: Un campo con casitas y árboles al fondo.

Ideas para la representación: Se puede representar con títeres de funda o con títeres de hilos. Vean cómo les gustaría más. Si los hacen con olotes, los títeres serán chicos. Si su teatrito es chico, no será difícil hacer que el paisaje de atrás se vaya moviendo en sentido opuesto al que caminan los personajes. Esto dará mejor la idea de que van caminando. Simplemente pueden jalar un paisaje largo, largo de un lado a otro de la escena, pero tapando bien los lados para que el público no se distraiga. Si quieren trabajar un poco más, pinten el paisaje sobre tela y háganla girar mediante dos rodillos.

Aparecen en escena un campesino, su hijo y un burro.

Campesino: Dime, Pedrito, ¿ya le diste de comer a Guamuchi?

Hijo: Sí, papá. ¿Y a dónde vamos tan temprano?

Campesino: Vamos al pueblo a hacer algunas compras. Anda, apúrate, que ya es tarde.

Caminan un poco. Aparece en escena un caminante.

Caminante: Buenos días... ¿a dónde tan de mañana?

Campesino: A San Isidro, señor.

Caminante: Perdone la pregunta, ¿cómo es que van a pie teniendo un burro?

Hijo: ¡Es cierto, papá! El señor tiene razón.

Campesino: Le agradezco su consejo… y adiós, que se nos hace tarde. *(Sale el caminante.* ¿Quién de los dos se subirá en el burro?

Hijo: *(amable)* Súbete tú, papá. Yo puedo ir a pie.

El campesino se sube al burro y caminan otro poco.

335

Entra en escena una mujer con su canasta.

Campesino: Buenos días, doña Petra.

Doña Petra: Buenos días. *(Se detiene y observa.)* No es que me quiera meter en lo que no me importa... pero, ¿cómo es que este pobre niño tierno y débil va a pie, y el hombre fuerte y vigoroso va montado en el burro?

Hijo: *(pensativo)* Doña Petra tiene razón, ¿no te parece?

Doña Petra: Buen viaje, y adiós. *(Sale de escena.)*

Hijo: ¿Qué te parece si hacemos como dice doña Petra?

Campesino: Probemos.

El campesino se apea y el niño se sube al burro. Avanzan otro poco. Entra un hombre viejo.

Viejo: Buen día... *(Se detiene y observa.)*

Campesino: Buenos días...

Viejo: ¡Qué barbaridad! En mis tiempos no se veían estas cosas. Un muchacho lleno de vida montado en un burro y su pobre padre va a pie. ¡Qué falta de respeto! ¡Qué tiempos, dios mío!

Murmurando bajito va saliendo de escena.

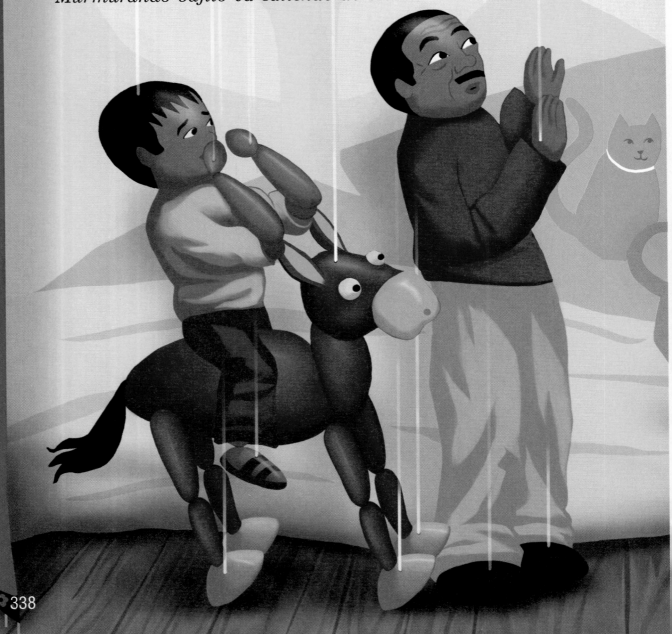

Campesino: ¿Qué opinas de lo que nos dijo el viejo?

Hijo: Que tiene mucha razón y que lo mejor será que tú también te subas en Guamuchi.

El campesino se sube en el burro y avanzan un poco.

Entra una niña a escena. Viene corriendo.

Niña: *(Se acerca al burro.)* ¡Qué burrito tan lindo!
¿Cómo se llama?

Hijo: Se llama Guamuchi.

Niña: ¡Pobre Guamuchi! ¡Miren no más qué cara de
cansancio! ¡Qué ocurrencia! Montarse los dos sobre
el pobre burro. *(Va saliendo.)* ¡Pobre burrito!

Campesino: *(un poco impaciente)* Y ahora, ¿qué
vamos a hacer, hijo?

Hijo: Yo creo que esa niña tiene razón, papá.
Guamuchi se ve muy cansado. Para que ya nadie
nos vuelva a criticar, ¿qué tal si cargamos al burro?

Campesino: Como tú digas. A ver qué pasa.

Los dos se apean del burro y lo cargan. Caminan con bastante trabajo y nuevamente aparecen el caminante, doña Petra, el viejo y la niña.

Caminante: *(riendo)* ¡Nunca vi cosa igual!

Doña Petra: *(riendo)* ¡Qué par de tontos!

Viejo: ¡Qué chistosos se ven cargando al burro!

Niña: *(burlona)* Dos tontos cargando un burro... *(Se ríe.)*

Todos van saliendo entre burlas y risas.

Campesino: *(medio enojado)* ¿Y ahora qué vamos a hacer? *(Dejan al burro.)*

Hijo: *(muy pensativo)* La verdad, no sé, papá. Quisimos hacer lo que ellos decían, pero no les dimos gusto. Todos nos criticaron y, además, se burlaron de nosotros.

Campesino: Mira hijo, quise que vieras con tus propios ojos cómo hay muchas opiniones distintas y que no es posible darle gusto a todo el mundo.

Hijo: Ya me di cuenta, papá. Tratando de complacerlos lo único que sacamos fue que todos se burlaran de nosotros... pero, ¿qué vamos a hacer ahora?

Campesino: Pues piensa bien y decide lo que tú creas que es mejor.

Hijo: Aunque no todo el mundo esté de acuerdo. ¡Ya sé! Tu irás montado en el burro una parte del camino y yo iré montado otra parte del camino. También podemos ir un rato a pie para que Guamuchi descanse.

Campesino: *(Se sube al burro.)* ¡Muy bien pensado, hijo mío! Así lo haremos. ¡En marcha, Guamuchi!

Hijo: *(convencido)* Diga la gente lo que diga.

Trotan hasta salir de escena. Van cantando: "Arre que llegando al caminito . . ."

Telón

343

Preguntas y actividades

1. ¿Qué siente la niña al encontrarse al campesino y a su hijo montados sobre el burro?

2. ¿Por qué crees que la autora eligió una niña en lugar de un adulto para este personaje?

3. ¿Cuál crees que es el propósito del autor?

4. ¿Cómo resumirías este cuento?

5. Compara al campesino y su hijo con el abuelo y el nieto de "El automóvil del abuelo? ¿En qué se parecen? ¿En qué se diferencian?

Escribir una biografía

Pasan los años y el niño de la fábula se convierte en presidente del país. Escribe su biografía y explica por qué la anécdota del burro es un momento clave de su vida.

Dibujar un escenario

Lee con atención el párrafo "Ideas para la representación" que aparece antes del diálogo. Dibuja el escenario.

Hacer un títere

Necesitas un calcetín viejo y dos redondeles de papel para los ojos. Mete la mano dentro del calcetín de modo que entre el pulgar y el resto de los otros dedos te quede un vacío en forma de "u". Pega los ojos donde corresponda. Llévalo a clase y habla con él a tus compañeros.

Obtener más información

Durante cierto tiempo, el rey Midas (el que todo lo que tocaba se convertía en oro) tuvo orejas de burro. En un libro de mitología griega o en la enciclopedia investiga por qué le sucedió tal cosa.

Usar el índice de una enciclopedia

El índice de una enciclopedia, por lo general, se encuentra en un volumen aparte, o al final de la enciclopedia. En el índice, las palabras se encuentran ordenadas alfabéticamente y para cada una se específica en qué volumen, página y entrada determinada se puede encontrar.

V-1. Arma autopropulsada empleada por los alemanes durante la segunda guerra mundial. Avión-cohete que alcanzaba una velocidad de 580 km/hora, tení un alcance de unos 300 km y podía transportar una carga explosiva de unos 900 kg. Tras su inicial eficacia, los adelantos en las técnicas de radar permitieron a los aliados detectar su presencia y destruirlas en vuelo mediamte aviones a reacción.

V-2. Arma usada por los alemanes dúrante la segunda guerra mundial. Cohete balístico teledirigido, que se elevaba hasta unos 100 km y caía verticalmente. Teneia un alcance de unos 350 km y podía transportar una carga explosiva de unos 1.000 kg. Produjo grandes daños en Londres hasta que las bases de lanzamiento fuerom destruidas. Diseñada por Wernher von Braun. La V23 fue la precursora de los cohetes balísticos intercontinentales y de lanzamiento de sondas espaciales Astronáutica 2:157b.

VAAL, RÍO. Curso fluvial de Sudáfrica. Afluente del río Orange. Nace en Sterkfontein, as sudeste de Transvaal, y tiene una longitud de 1.210 km.

VACA. Mamífero rumiante perteneciente a la familia de los bóvidos. Numerosas especies. **14:193a;** Domesticación 5:204a; Ganadería

VACÍO. Espacio que no contiene materia. La consecución por medios técnicos del vacío perfecto es imposible. El grado de vacío se mide por la presión del gas remanente. Posee numerosas aplicaciones en la técnica, la ciencia y la industria. **14:195a.**

VACÍO, BOMBA DE. V. Bomba de vacío.

VACÍO, TECNOLOGÍA DEL. Conjunto de procesos y medidas físicas realizados en condiciones de presión atmosférica inferior a la normal. Útil para eliminar componentes atmosféricos susceptibles de interferir en el proceso, provocar desequilibrios en las condiciones normales con objeto de obtener cambios de estado o reducir al mínimo las colisiones de las partículas emitidas en un experimento (aceleración de partículas, tubos de rayos catódicos). Desarrollada en dispositivos especializados.

VACUNA. Preparación microbiana que introducida en el organismo provoca en ésta la inmunización activa contra una enfermedad determinada **14:195b;** Gripe 7:203b; Ingeniería genética 8:186b; Inmunolgía 8:19b; Jenner, Edward 8:333b; preventiva, medicina 12:110a; Viruela 14:305a; cuadro 14:196a; ilustraciones 5:400a, 12:110a.

VAGÓN. Vehículo del ferrocarril, especialmente el destinado a mercancías. Según su función pueden ser cerrados o abiertos, con bordes o sin ellos, cisternas, tolvas, etc. Ferrocarril 6:243a.

VAIDA-VOEVOD, ALEXANDRU (1872-1950). Político rumano. Organizador de la asamblea de Alba Julia, que proclamó la integración de Transilvania en Rumania. Presidente del consejo de ministros en los períodos 1919-1920 y 1932-1933. En 1935 fundó el Frente Fascista Rumano. Detenido en 1945 por sus actividades pronazis.

VAILLAND, ROGER (1907-1965). Escritor francés. Participó en 1928 en la fundación de la revista *Le Grand Jeu.* En sus novelas se manifiestan tanto sus contactos juveniles con el surrealismo como la descripción de la vida en la resistencia francesa y su adscripción a la ideología comunista, antes de abandonar el partido en 1956.

Responde a las siguientes preguntas sobre este índice de enciclopedia.

1 ¿En qué volumen buscarías datos sobre la vaca?

2 ¿Y en qué página?

3 ¿En qué volumen se habla de la vaca y su relación con la ganadería?

4 Si quieres encontrar información acerca de la vacuna de la gripe, ¿en qué volumen y página buscarías?

5 ¿Qué otra palabra buscarías para obtener más información sobre vagones?

INDICACIONES:

Lee el texto. Luego lee cada una de las preguntas.

MODELO

El día de la demostración

Para el día de la demostración Jerry llevó su tortuga a la escuela.

—¿Qué le gusta comer? —preguntó Mary.

—Come plantas y lechuga —dijo Jerry—. Pero hay otras tortugas que comen insectos.

—¿Y qué pasa cuando está debajo del agua? —preguntó Carlos.

Jerry puso a la tortuga de vuelta en la pecera.

—Puede nadar bajo el agua y contener la respiración mucho tiempo —explicó—. Si la observas, verás cómo saca la cabeza del agua para respirar.

En ese instante la tortuga sacó la cabeza afuera. Aspiró aire y volvió a meterse debajo del agua. ¡Toda la clase la aplaudió!

1 En este cuento Mary es:

○ celosa.

○ indisciplinada.

○ curiosa.

○ callada.

2 ¿Cuál de éstos NO es un hecho del cuento?

○ La tortuga come lechuga.

○ La tortuga de Jerry come insectos.

○ La tortuga contiene la respiración.

○ La tortuga nada bajo el agua.

Arte y *Literatura*

Algunas pinturas nos muestran parte de una historia. En ésta parece que las ranas estuvieran en movimiento.

Mira la pintura. ¿Qué ves? ¿Por qué crees que las ranas saltan entre las rocas? ¿Es de día o es de noche? Explica tus respuestas.

Mira otra vez la pintura. ¿Qué es lo que más te gusta de ella? ¿Por qué?

Ranas en las rocas,
Museo Sobum de Arte Asiático
San Francisco

Conozcamos a
David García

David García nació en Puerto Rico y estudió en Texas, Estados Unidos. Como casi todos los niños, de pequeño nutrió sus fantasías infantiles a través de las historias que le contaba su madre. Quizás por ello, de mayor decide crear una editorial, la Puerto Rican Almanac, que se ocupa de difundir los cuentos puertorriqueños de tradición oral. "El cuento del coquí", por ejemplo, además de relatarnos una historia en la que se valora el esfuerzo personal, nos informa sobre las diminutas ranitas, nativas de Puerto Rico.

David García en la actualidad trabaja como educador.

Conozcamos a
Gus Anavitate

Aunque desciende de vascos, Agustín Anavitate nació en Ponce, Puerto Rico. Junto con David García co-dirige la editorial Puerto Rican Almanac y asimismo está muy interesado en la difusión de los cuentos populares puertorriqueños. Gus Anavitate es un extraordinario dibujante que demuestra su gran conocimiento de la fauna y flora de Puerto Rico, la cual recrea en sus dibujos con absoluta precisión y gran talento.

El cuento del coquí

David García
ilustraciones de Gus Anavitate

*U*na de esas tibias noches tropicales, cuando la brisa sople suavemente y las estrellas parezcan llenar el cielo con un resplandor brillante y misterioso, busca un lugar agradable en el corazón de la campiña puertorriqueña, tiéndete en el suelo y escucha.

En medio del ruido de los grillos y otras criaturas corrientes, oirás el coro claro y preciso de muchos coquíes, las diminutas ranas nativas de Puerto Rico. Todos los puertorriqueños valoran y quieren al coquí. Son muchas las canciones y poesías dedicadas a estas famosas ranitas. ¿Y por qué es el coquí tan diferente de sus otros compañeros verdes? Pues... todo ocurrió hace mucho tiempo.

Allá, para los tiempos de duques y dragones,
Puerto Rico permanecía ajeno a la prisa y confusión
del mundo bullicioso. Los animales, grandes y
pequeños, vagaban por la isla libres de peligro,
incluso el del hombre. Como resultado de esta vida
fácil y sin preocupaciones, muchas criaturas se
hicieron lentas y perezosas.

Un día, un ave grande y espléndida —la cotorra puertorriqueña, casi extinta hoy— voló hasta una rama en lo alto de un árbol y esponjó sus alas ruidosamente para llamar la atención de los animales que tomaban el sol allá abajo. Éstos la miraron con ojos entrecerrados, pero de inmediato la reconocieron. Era Ignacio, el rey del bosque. Desordenadamente, se levantaron y puestos en atención ofrecieron disculpas a Su Alteza.

    —¡Basta! —bramó el rey. Los animales quedaron silenciosos. No se oía un solo ruido en el bosque, a no ser por la fuerte voz de Ignacio.

    —¡Mírense a sí mismos!—dijo con disgusto—. La paz y la tranquilidad de la Isla les han hecho creer que ya no necesitan ser ágiles y fuertes.

    Se detuvo y contempló a sus inadecuados súbditos. Éstos parecían derretirse bajo su fiera mirada.

—Mañana, a la puesta del sol, realizaremos una carrera en este mismo lugar. Cada especie ha de elegir de entre sus miembros, al que la representará en el evento. Habrá un solo ganador. Los que pierdan no serán castigados, pero el victorioso recibirá un premio muy agradable. Recuerden, mañana, aquí con la puesta del sol.

Entonces, levantó sus poderosas alas y se alejó volando, mientras sus súbditos quedaban eligiendo al que los representaría en la gran carrera. Como no habría castigo para los perdedores, la mayoría de los animales escogieron rápidamente al individuo más fuerte de su grupo y continuaron holgazaneando. Es decir, todos menos los pequeñitos coquíes. Después de todo, como eran tan pequeños y no podían producir ningún sonido, tenían que aprovechar la más mínima oportunidad para hacerse notar y respetar por las otras ranas. Entre ellos, eligieron a Pepito, el coquí más grande y fuerte, y lo ayudaron a entrenarse y a ejercitarse para que al menos tuviera alguna oportunidad de no llegar muy retrasado en la gran carrera.

Al día siguiente, todos los animales se reunieron en el mismo lugar del día anterior para presenciar el evento. El Rey Ignacio estableció las reglas.

Desde la rama del árbol, habló a sus súbditos:

—La carrera comenzará aquí. Espero que todos hayan escogido al representante más apto para la misma. Por favor, pónganse en línea. Cuando diga "fuera", correrán por la pista que he preparado y tocarán la palma que se encuentra al final de la pista. Entonces, darán la vuelta y regresarán corriendo. El primero en cruzar la línea de llegada, será el ganador. Recuerden, no se castigará a los perdedores, pero el ganador tiene aguardándole un premio muy bonito.

—¡En sus marcas, listos, FUERA!

Partieron. Solo quedó una nube de polvo en el
lugar de los corredores. Un poco después, podían
verse de regreso. La iguana y la mangosta llevaban
la delantera y la multitud les vitoreaba
alocadamente. Con tristeza, los coquíes comenzaron a
abandonar el lugar. Con toda probabilidad Pepito
estaría pisoteado y enterrado en algún lugar del
polvo. De pronto, se iluminaron sus rostros. ¡Allí
estaba, dando grandes saltos, más allá de la iguana y
la mangosta! ¡Ahora Pepito llevaba la delantera! Los
coquíes rebosaban de felicidad y entre ellos se
expresaban su alegría silenciosa.

Con firmeza Pepito dio otro gran salto y pasó sobre la línea de llegada. ¡Era una clara victoria! Todos los coquíes corrieron hacia él y formaron una pandilla de ranitas muy alegres. Ignacio se les acercó y expresó a Pepito sus felicitaciones.

—Pepito, eres el ganador oficial. Y, como lo prometí, tengo un regalo muy especial para ti y tus amigos. Lentamente levantó sus imponentes alas y murmuró un himno sagrado.

Al terminar, los coquíes comenzaron a cantar. Por primera vez Puerto Rico podía disfrutar de la dulce magia de su música. Con el tiempo, estas criaturas se hicieron muy populares. Desde aquella noche, hace tanto tiempo, todos ellos comienzan a entonar su canto todos los días a la puesta del sol.

En esa forma alaban al Rey Ignacio por concederles la habilidad de demostrar a los demás que ser pequeño no significa necesariamente el fin de todo.

¡Coquí, coquí, coquí!

Preguntas y actividades

1. ¿Por qué los coquíes, a diferencia de los otros animales, decidieron prepararse para la prueba?

2. ¿Qué crees que hubiera pasado si los otros animales también se hubieran entrenado?

3. ¿Cuál crees que es el propósito del autor?

4. ¿Cómo resumirías el cuento?

5. Pepito, el coquí de este cuento, y Julián, el señor del cuento "El automóvil del abuelo", lograron vencer pruebas que parecían muy difíciles. ¿En qué se parecen estos dos personajes?

Escribir un cuento

Una de las características del coquí es que, como el camaleón, cambia de color según dónde se encuentre. Invéntate un cuento que narre por qué el Rey Ignacio lo premió con este don. Tu cuento debe tener tres partes: presentación, problema y solución.

364

Simular islas

Pon en un recipiente ancho y de poca altura una capa de arena y cúbrela con tres centímetros de agua. Luego con arena mojada forma cuatro montículos que sobresalgan del agua y que se parezcan a las cuatro islas más grandes del Caribe: Cuba, Jamaica, Santo Domingo y Puerto Rico.

Hacer una tabla de onomatopeyas

Se llama *onomatopeya* a una palabra que imita un sonido de la vida real. El coquí se llama así por su canto: co-quí, co-quí. Haz una tabla de tres columnas con los nombres de diez animales, la silueta y las onomatopeyas asociadas al sonido que produce cada uno.

Obtener más información

¿En qué se diferencia Puerto Rico de las otras naciones de las grandes islas del Caribe? ¿Cuál es su relación con Estados Unidos? Para contestar estas preguntas lee la entrada *Puerto Rico* en una enciclopedia.

Búsqueda por tema

Para hacer una **búsqueda por tema**, elige este tipo de búsqueda en la computadora de la biblioteca y escribe en la pantalla el nombre del tema sobre el que estás buscando información. Por ejemplo, "animales domésticos". Te aparecerá una lista como la de abajo con los títulos de los libros que tienen ese tema. Luego, elige un libro determinado y obtendrás información sobre éste.

Animales de compañía y salud mental
Cusack, Odean, 1991
Animales domésticos **Castellanos, Mercedes, 1970**
Animales domésticos y de granja **Müller, Hans Alfred, 1990**
Los animales en el medio rural **Grande del Brío, Ramón, 1989**
Animales en la casa: Panorama infantil **1969**
Comportamiento de los animales de granja **Fraser, Andrew F., 1982**

Autor/es:	Cusack, Odean
Título:	Animales de compañía y salud mental / Odean Cusak ; [traducción de Marta Condeminas, y Emma Wilson]
Edición:	[1ª ed.]
Publicación:	Barcelona : Fundación Purina, 1991 247 p. ; 23 cm
Colección:	Fondo editorial
Notas:	Traducción de: Pets and mental health
Tema o materia:	Animales domésticos Salud mental

Responde a estas preguntas que hacen referencia a las dos pantallas anteriores.

1 ¿Cuántos libros sobre animales domésticos han aparecido?

2 ¿Qué tienes que hacer para saber dónde se encuentra el libro *Animales de compañía y salud mental*?

3 ¿Dónde se publicó este libro?

4 ¿Cuál es el tema principal del libro?

5 ¿De qué libro en inglés es la traducción?

Sugerencia
para exámenes
Busca pistas que se refieran
a la palabra subrayada para
saber qué significa.

INDICACIONES:

Lee el texto. Luego lee cada una de las preguntas.

MODELO

¿Ganó la carrera la tortuga?

Un día la tortuga pasó junto a la liebre <u>arrastrándose</u> lentamente. Oyó que la liebre decía que no había ningún animal de cuatro patas más rápido que ella. La tortuga le dijo:—Yo puedo ganarte una carrera.

La liebre le contestó muerta de risa:—Hagamos una carrera y veremos qué pasa.

Se alinearon junto a un árbol y el búho les dio la orden de partida.

La liebre corrió lo más rápido que podía. La tortuga avanzaba lentamente. Después de unos minutos la liebre llevaba la ventaja pero estaba muy cansada. Entonces decidió dormir una siesta. La tortuga siguió su marcha. Pasó junto a la liebre dormida y continuó <u>arrastrándose</u> hasta la línea de llegada. ¡La tortuga ganó la carrera!

1 Sabes que este cuento es una fantasía porque:

○ las ardillas corren.

○ las tortugas son lentas.

○ las liebres son rápidas.

○ los animales no hablan.

2 En el cuento, la palabra <u>arrastrándose</u> significa:

○ moviéndose despacio.

○ corriendo rápidamente.

○ acostándose.

○ rodando.

367

Koalas, Ferdinand Bauer 1760-1826

Ésta es una pintura de dos osos koalas. Los koalas se encuentran en Australia.

~~~~~

Mira detalladamente esta pintura. ¿Qué puedes decir acerca de ella? ¿Crees que el artista quiso que los koalas parecieran reales? ¿Crees que esta pintura ayudaría a alguien que no ha visto nunca un koala? ¿Por qué?

~~~~~

¿Qué otras cosas ves en la pintura además de los koalas? ¿Qué es lo que más te gusta de esta pintura?

TIME
FOR KIDS
INFORME ESPECIAL

El rescate
de Koalas

El traslado de los koalas

En la copa de un árbol, un koala devora en silencio una rama de eucalipto. De pronto escucha un aleteo. ¿Es un pájaro? Un lazo lo rodea y se ajusta con cuidado alrededor de su cuello.

No hay nada que temer; el koala estará a salvo. En la isla Kangaroo, de Australia, hay demasiados koalas. Tantos, que estos animales se están quedando sin comida. Un grupo llamado *Koala Rescue*, está llevando estos animales a otro lugar para que no pasen hambre.

CUBIERTA, IZQUIERDA Y ABAJO A LA DERECHA: DAVE HIGGS/ENVIRONMENTAL PRESS AGENCY UK

Los rescatadores de la isla Kangaroo usan varas para bajar los koalas de sus hogares arbóreos, sin causarles daño alguno.

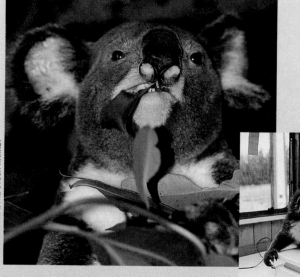

THIERRY CARIOU/THE STOCK MARKET

Los koalas sólo comen hojas de eucalipto.

Un investigador pesa un koala. Los científicos quieren investigar a los koalas en los próximos años.

SALVAR A LOS KOALAS

Durante la década de 1920, algunas personas temían que los koalas de Australia desaparecieran. Querían salvarlos. Por eso, trasladaron 18 koalas a la isla Kangaroo. Pensaron que esta isla llena de eucaliptos sería un buen hogar para los koalas.

Desde entonces, el número de koalas ha aumentado a 5,000. Los koalas sólo comen hojas de eucalipto. Cuando hay muchos koalas concentrados, se comen todas las hojas. Entonces los árboles mueren, y sin árboles los koalas también morirían de hambre.

CRIATURAS CON GARRAS AFILADAS

El primer paso para resolver este problema es bajar a los koalas de sus hogares. "No es una tarea fácil", dice Drew Laslett de *Koala Rescue*. "No les gusta que los atrapen".

Los rescatadores deben ser muy cautos. "Los koalas son animales salvajes", dice Laslett. Tienen garras grandes y afiladas.

¿Listos? Digan "eucalipto". Cinco koalas posan para una foto. Aunque parecen muy tiernos, estos animales son criaturas salvajes con garras afiladas.

AUSTRALIA

Área de reubicación

Isla Kangaroo

Los koalas viajan a sus nuevos hogares en unas cajas especiales.

El equipo de *Koala Rescue* ya ha reubicado 650 de estos animales a nuevas áreas con muchos bosques de eucaliptos. Laslett dice que los koalas parecen estar muy contentos en sus nuevos hogares. Su grupo también está plantando miles de árboles para que estos animales se puedan alimentar. "Nuestro objetivo es salvar a los koalas y asegurarnos de que vivan en un lugar seguro". Y esto sí que supone buenas noticias, tanto para los koalas como para las personas que se preocupan por ellos.

INVESTIGA

Visita nuestra página web:
www.mhschool.com/

CONEXIÓN interNET

¿LO SABÍAS?
DATOS SORPRENDENTES

◆ Los koalas están casi siempre en los árboles. Sólo bajan para subir a otro árbol.

◆ Los koalas sólo viven en Australia.

◆ Los koalas tienen bolsas. Las crías se quedan en la bolsa de su madre durante cinco o seis meses. Luego viajan sobre la espalda de su madre durante otros seis meses.

◆ Los koalas duermen unas 19 horas al día.

◆ Al nacer, los koalas son del tamaño de un caramelo.

◆ Los koalas se comunican entre sí mediante sonidos parecidos a ronquidos o eructos.

◆ En Australia, las crías de koala se llaman "joeys".

Basado en un artículo de *TIME FOR KIDS*.

Preguntas y actividades

1 ¿Por qué en la década de los veinte llevaron 18 koalas a la isla Kangaroo?

2 ¿Por qué en la actualidad algunas personas se llevan koalas de esta isla?

3 ¿Por qué crees que el autor escribió un artículo sobre cómo salvar a los koalas? Explica tu respuesta.

4 ¿Cuál es la idea principal de esta selección?

5 Si un koala se encontrara con una de las hormigas del cuento "Dos hormigas traviesas", ¿de qué podrían hablar?

Escribir un editorial

Escribe un editorial que argumente por qué es importante salvar a los koalas. Da tres razones de por qué te importan los koalas y de por qué deberían importarles a los demás.

Hacer un mapa de animales

Los koalas proceden de Australia. ¿Qué otros animales proceden de Australia? Traza un mapa de Australia y dibuja los animales que hay en sus diferentes regiones. Escribe el nombre de cada animal para identificarlos.

Hacer un móvil

Australia es un continente. Dibuja los siete continentes, recórtalos y ponles el nombre. Debajo de cada nombre, escribe un dato interesante. Construye un móvil sujetando la parte superior de cada continente con un hilo y atándolos todos a un colgador.

Obtener más información

¿Qué es un marsupial? ¿Se encuentran sólo en Australia? ¿Cuántas especies hay? Busca en una enciclopedia más datos sobre los marsupiales. Comparte con tus compañeros lo que encuentres.

Información adecuada

Las diferentes fuentes de información contienen diferentes tipos de información. La siguiente gráfica muestra qué fuentes de información son las más usadas.

Periódico
Un periódico contiene información actualizada sobre sucesos.

Enciclopedia
Una enciclopedia es una colección de volúmenes en orden alfabético. Cada volumen brinda información detallada sobre muchos temas.

Diccionario
Un diccionario es una lista de palabras en orden alfabético con su definición, su origen y otro tipo de información.

Fichero es un archivo
Un fichero es un archivo que contiene los nombres de revistas y otro material de una biblioteca.

Teléfono
Un teléfono puede usarse para llamar a personas que responden a tus preguntas o conectarse a Internet y buscar cierta información.

Guía telefónica
Una guía telefónica es un listado en orden alfabético de todos los números de teléfonos de una determinada zona.

Usa la gráfica para responder a las siguientes preguntas.

1 ¿Qué fuente de información usarías para hallar el significado de *eucalipto*?

2 ¿Qué fuente te diría qué sucede en la actualidad en la isla Kangaroo?

3 ¿Qué fuente usarías para escribir un informe sobre un día de la vida de un koala?

4 Un voluntario de *Koala Rescue* da una charla en la biblioteca de tu vecindario. ¿Qué fuente usarías para hallar la fecha y la hora exacta de la charla?

5 ¿Dónde buscarías información sobre las distintas especies de animales que viven en Australia?

INDICACIONES:

Lee el texto. Luego lee cada una de las preguntas.

MODELO

La decisión de Miguel

A Miguel le dieron permiso para tener una mascota. No sabe si quiere un perro o un gato. Ve estos dos anuncios en el parque.

GATITOS BUSCAN BUEN HOGAR

¡Se ofrecen gatitos gratis! Tienen pelo largo y suave y ojos azules. ¡Son mascotas ideales!

- no da trabajo cuidarlos
- son muy afectuosos
- no ladran

¡GRATIS! PERRITOS CARIÑOSOS NECESITAN CASA

¡Uno de estos cachorritos adorables puede llegar a ser tu mejor amigo!

Un cachorrito es muy buena <u>compañía</u>. Te acompañará siempre:

- en tus paseos en bicicleta.
- cuando juegues en el parque.
- cuando vayas de pesca.

¡LLÉVATE UNO HOY!

---

1. ¿Qué debe decidir Miguel?
   - ○ si ir o no al parque
   - ○ qué mascota escoger
   - ○ qué cuento leer
   - ○ a qué escuela ir

2. En el anuncio de los PERRITOS, compañía significa:
   - ○ alguien que escribe cuentos.
   - ○ un compañero de juegos.
   - ○ alguien que monta en bicicleta.
   - ○ un estudiante.

¿Por qué son correctas tus respuestas?

Meteoro

Sobre la mesa
un vaso
se desmaya,
        rueda,
           cae.

Al estrellarse
contra el piso,
una galaxia
        nace.

Elías Nandino

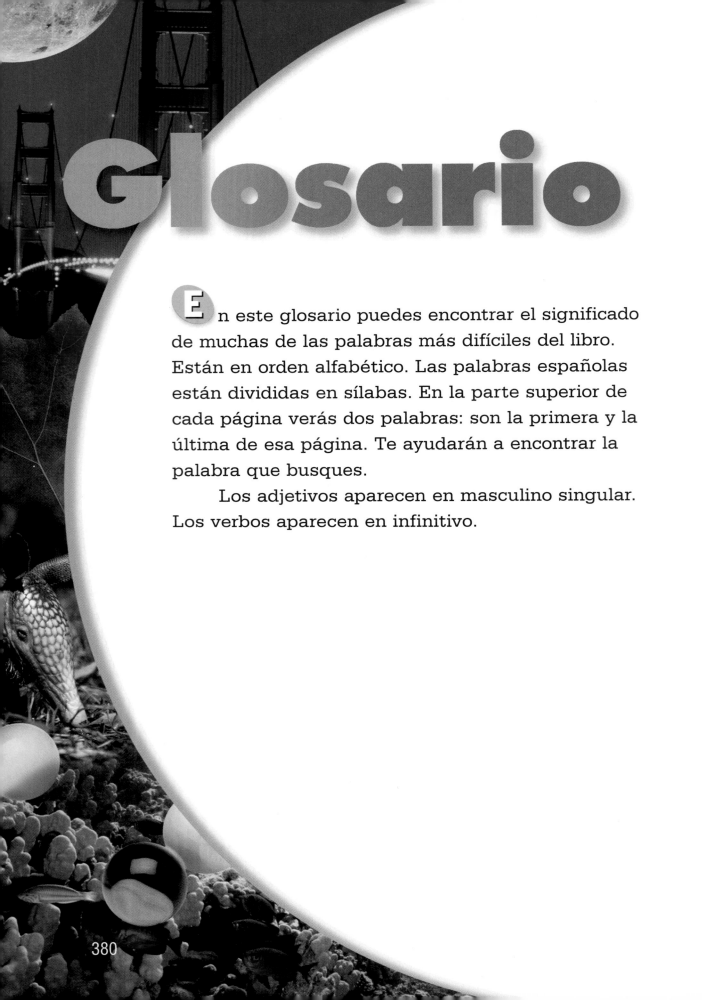

Glosario

En este glosario puedes encontrar el significado de muchas de las palabras más difíciles del libro. Están en orden alfabético. Las palabras españolas están divididas en sílabas. En la parte superior de cada página verás dos palabras: son la primera y la última de esa página. Te ayudarán a encontrar la palabra que busques.

Los adjetivos aparecen en masculino singular. Los verbos aparecen en infinitivo.

Palabras guía

abrigado/amate

Primera palabra de la página

Última palabra de la página

Ejemplo de artículo

Parte de la oración

Artículo

a•do•be *m.* Un tipo de arcilla arenosa que se usa para hacer ladrillos. En algunos lugares mezclan la arcilla con un poco de paja y luego la dejan secar al sol. *Muchas casas de México y del sudoeste de Estados Unidos son de adobe.*

Definición

Oración de muestra

En este glosario se utilizan las siguientes abreviaturas:

adj.	adjetivo
adv.	adverbio
f.	sustantivo femenino
m.	sustantivo masculino
m.y f.	sustantivo masculino y femenino
n.p.	nombre propio
v.	verbo
s.	sustantivo masculino o femenino

Aa

a·cua·rio *m.* **1.** Depósito de agua donde se conservan vivos animales y vegetales acuáticos. *En ese acuario caben muchos litros de agua.* **2.** Edificio destinado a la exhibición de animales y plantas acuáticos. *Mañana iremos al acuario.*

a·fi·la·do *adj.* Que es cortante, como el filo de una navaja. *Tenía un cuchillo afilado.*

a·ga·rrar·se *v.* **1.** Agarrar algo con las manos para sostenerse. *Agárrate a la barra.* **2.** Pegarse la comida a un utensilio de cocina al quemarse. *Se agarró el arroz.*
▲**Sinónimos: 1.** asirse, cogerse, sujetarse

a·ho·rro *m.* Acción de guardar parte de lo que se gana o conjunto del dinero ahorrado. *Ya no me quedan ahorros.*

a·je·no *adj.* **1.** Sin la cosa que se expresa. *Vive ajeno a las preocupaciones de los demás.* **2.** Que no es de uno sino de otra persona. *Ésta es la opinión ajena.*

al a·no·che·cer *adv.* (expresión) Al llegar la noche. *Nos encontraremos al anochecer.*
▲**Sinónimo:** crepúsculo

al·ma·cén *m.* **1.** Tienda de mercancías varias. *Ve al almacén y tráeme un rollo de papel de cocina.* **2.** Lugar para guardar mercancías. *Ese edificio es un almacén textil.*

al·me·ja *f.* Animal que vive en el agua de cuerpo blando, encerrado en una concha y que se puede comer. *Me encantan las almejas.*

a·mar·go *adj.* **1.** Que tiene un sabor fuerte y desagradable. *Este café sin azúcar está amargo.* **2.** Que causa pena. *Perder a un ser querido es una experiencia amarga.*

a·ma·rrar *v.* Asegurar, sujetar con cuerdas, cadenas, etc. *Juan amarró la barca para que no se la llevara la corriente.*
▲ **Sinónimos:** atar, ligar

a·pe·ti·to *m.* Gana de comer. *Como no he comido en todo el día, tengo mucho apetito.*
▲ **Sinónimo:** hambre

a·pren·diz *m. y f.* Persona que aprende algún arte o profesión manual. *Antes de poder abrir su propia carpintería, trabajó ocho años de aprendiz.*

a·re·no·so *adj.* Que tiene arena. *Es un tipo de terreno arenoso.*

ar·te·sa·no/na *s.* Persona que hace un oficio o trabajo manual. *El carpintero y el alfarero son artesanos.*

a·tra·par *v.* Coger al que huye o va muy deprisa. *Atrapé al perro justo antes de que cruzara la calle.*
▲ **Sinónimos:** sujetar, aprisionar

au·men·tar *v.* Hacer más grande una cosa. *En sólo un mes le aumentaron el sueldo.*

Bb

bar·ba *f.* Lámina dura y flexible que , junto con muchas otras, cuelga de la mandíbula superior de algunas especies de ballenas. *Esa ballena tiene las barbas azules.*

be·lu·ga *f.* La especie de ballena más pequeña. *La beluga mide sólo 10 pies.*

bien·ve·ni·da *f.* Saludo que expresa alegría de ver de nuevo a una persona. *Cuando volvió del extranjero, todo el pueblo le dio la bienvenida.*

bo·ca·na·da *f.* **1.** Cantidad de aire, humo o líquido que se echa o traga de una vez por la boca. *Tomó una bocanada de aire fresco.*

383

bos·te·zar *v.* Abrir la boca involuntariamente por efecto de sueño o aburrimiento. *Durante la obra de teatro no dejé de bostezar.*

bre·ve *adj.* De poca extensión o duración. *Prefiero los relatos breves que los largos.*
▲ **Sinónimos:** corto, reducido

Historia de la palabra

Este adjetivo **breve** viene de la palabra latina *brevis,* que significa "corto".

bri·llan·te *adj.* **1.** Que brilla. *Esta mesa es muy brillante.* **2.** Admirable o sobresaliente por algún motivo. *Juan es de una inteligencia brillante.*
▲ **Sinónimos: 1.** resplandeciente, fulgurante; **2.** sobresaliente

bur·la *f.* Hecho, ademán o palabra con que se pretende ridiculizar a personas o cosas. *Tim siempre se burla de su hermano pequeño.*

bu·zo *m. y f.* Persona que nada o se mantiene sumergida en el agua; por lo general, usa un traje especial y máscara de oxígeno. *Bajaron ocho buzos a explorar los restos del naufragio.*

Cc

ca·ja *f.* **1.** Envase hueco que se cierra con tapa. *Para guardar todo esto voy a necesitar tres cajas.* **2.** Lugar destinado en un establecimiento a cobrar o pagar. *Por favor, pague en la caja.*

ca·mi·nan·te *m. y f.* Persona que va caminando. *Por esa senda no encontrarás ni un caminante.*
▲ **Sinónimos:** peatón

cam·pi·ña *f.* Extensión de tierra, labrada o no, sin población. *Me encanta la campiña.*

ca·nas·ta *f.* **1.** Cesto de mimbre, generalmente con dos asas. *Llévate la canasta al mercado.* **2.** Aro horizontal con una red sin fondo, sujeto a un tablero, por donde hay que meter el balón en básquetbol. También se le llama canasta al tanto. *Ayer nuestro equipo anotó 60 canastas.*

can·san·cio *m.* Debilidad o falta de fuerza producida por un esfuerzo o trabajo. *He corrido tanto que estoy muerto de cansancio.*
▲ **Sinónimo:** agotamiento

ca·os *m.* Desorden. *Había tanta gente que era un caos.*
▲ **Sinónimo:** confusión

ca·ri·cia *f.* Roce cariñoso y suave que se hace con la mano. *El anciano dio una caricia a su nieta.*

ca·rre·ra *f.* **1.** Competición deportiva de velocidad. *La carrera de 100 m se terminó a las cinco.* **2.** Conjunto de estudios para obtener un título y poder ejercer una profesión. *Dudo entre estudiar la carrera de medicina o la de ingeniero agrónomo.*

cau·sa *f.* **1.** Empresa o ideal por el que se lucha. *Haremos todo lo posible por la causa de los pobres.* **2.** Lo que produce un efecto o resultado. *La causa de la inundación fue el desbordamiento del río.*
▲ **Sinónimo:** 2. razón

cau·to *adj.* Que va con cuidado para evitar daños o riesgos. *No te preocupes por Miguel que siempre ha sido muy cauto.*
▲ **Sinónimos:** prudente, precavido

cha·mus·ca·do *adj.* Que está un poco quemado. *Esta madera tiene un lado chamuscado.*

cha·pa·rrón *m.* Lluvia fuerte de corta duración. *El chaparrón sólo duró cinco minutos.*

chi·le *m.* Pimiento o pimentón. *Para comer hay pollo con chile.*

Historia de la palabra
La palabra **chile** viene de la palabra náhuatl *chilli.* El náhuatl es una de las principales lenguas indígenas de México. Este tipo de pimiento es propio de México y en Europa no se conoció hasta la conquista de América.

cho·rro *m.* Cantidad de un líquido o de un gas que sale con fuerza por una abertura. *Por este grifo sale un chorro de agua muy fuerte.*

cie·go *adj.* Que no ve. *Ese perro ayudó a cruzar al ciego.*
▲ **Sinónimo:** invidente

385

cien·tí·fi·co/ca *s.* Persona que se dedica a la investigación y estudio de una ciencia. *Einstein fue un científico muy importante.*

cli·ma *m.* **1.** Conjunto de condiciones atmosféricas de una región o país. *El clima de Alaska es muy frío.*

co·bi·ja *f.* Manta o ropa de cama. *Esta cobija abriga mucho.*

col·cha *f.* Cobertura de la cama que sirve de adorno y abrigo. *Mi abuela sabe tejer colchas.*

com·bus·ti·ble *m.* Sustancia que al arder produce calor o energía, como la leña, el carbón, etc. *El petróleo es uno de los combustibles más comunes.*

com·pa·rar *v.* Observar las semejanzas o diferencias de varias cosas. *Compara estas dos sillas y dime cuál prefieres.*

con·fian·za *f.* **1.** Seguridad que uno tiene en sí mismo. *Para aprobar tiene que tener más confianza en sí mismo.* **2.** Fe o esperanza que se tiene en una persona o cosa. *Como la vio cogiendo dinero de la caja, ya no le tiene más confianza.*

con·mo·vi·do *adj.* Que algo le ha emocionado. *Juan está conmovido con tantos regalos.*

con·se·jo *m.* Cosa que se le dice a alguien sobre lo que debe o no debe hacer. *Siguió mi consejo y cogió el abrigo.*
▲ **Sinónimos:** sugerencia, recomendación

con·ta·mi·na·ción *f.* Alteración que sufre el medio ambiente a causa de la presencia de sustancias dañinas o tóxicas. *El nivel de contaminación de este río es peligroso.*

cría *f.* Animal recién nacido. *La perra tuvo ocho crías.*

Historia de la palabra

La palabra **cría** viene de la palabra latina *creare,* que significa "crear".

cris·tal *m.* **1.** Cuerpo que se forma cuando ciertas sustancias se transforman en sólidos. Tienen los lados planos y forma regular. *La sal y el azúcar son cristales.* **2.** Vidrio fino muy transparente. *Estas copas son de cristal.*

cui·da·dor/do·ra *s.* Persona que cuida o vigila. *El cuidador de las focas llegó a las doce.*

cu·rio·si·dad *f.* Interés por saber o averiguar algo. *Esta niña tiene tanta curiosidad que va a aprender rápido.*

da·ño *m.* Efecto de dañar. Herida o dolor. *Me he hecho daño en el dedo al cerrar la puerta.*

de·li·cio·so *adj.* **1.** Capaz de causar delicia o complacencia. *Desde ese balcón se puede ver un paisaje delicioso.* **2.** Muy rico o sabroso. *Ese asado estaba delicioso.*

de·sá·ni·mo *m.* Falta de ánimo, desaliento. *La derrota provocó mucho desánimo entre los jugadores.*

des·cu·brir *v.* **1.** Hallar. *La policía descubrió una pistola dentro del coche.* **2.** Enterarse de algo que se ignoraba. *Ayer descubrí que Carlos y Marta están casados.*
▲ **Sinónimo: 1.** encontrar

des·tro·zo *m.* Acción y efecto de destrozar. *Esta lluvia causará un gran destrozo en los campos.*

des·ven·ci·ja·do *adj.* Se dice de una cosa cuyas partes están flojas o sueltas y casi no se sostienen. *No te sientes en esa silla que está desvencijada.*

de·vo·rar *v.* **1.** Comer con prisa y muchas ganas. *El perro devoró la comida en un segundo.* **2.** Destruir completamente. *El fuego devoró la casa.*

di·cho *m.* Frase que contiene una observación o consejo de sabiduría popular. *"Más vale llegar tarde que nunca"* es un dicho.

▲ **Sinónimos:** proverbio, máxima, refrán

di·men·sión *f.* **1.** Tamaño. *La dimensión de esta casa es enorme.* **2.** Longitud, extensión o volumen de una línea, una superficie o un cuerpo, respectivamente. *Me pregunto cuáles serán las dimensiones de esta mesa.*

di·mi·nu·to *adj.* Muy pequeña. *Tengo un lápiz diminuto.*

dis·fra·za·do *adj.* Vestido con ropas inusuales para representar un personaje. *Jim va disfrazado de luna.*

duen·de *m.* Ser fantástico de los cuentos. A veces es un hombrecillo y otras un niño travieso. *En este cuento aparecen diez duendes.*

e·lec·tri·ci·dad *f.* En física, forma de energía producida por diversas causas, que se manifiesta por fenómenos de potencia y luz. *Por este cable pasa la electricidad.*

electricidad

em·pe·ño *m.* Actitud del que desea mucho una cosa y se esfuerza en conseguirla. *Está trabajando con mucho empeño para pasar los exámenes.*

▲ **Sinónimos:** ardor, tesón

en·can·ta·do *adj.* **1.** Muy contento. *Alberto acompañó a Tula encantado.* **2.** Que contiene algún misterio. *Dicen que ese castillo está encantado.*

▲ **Sinónimos: 1.** satisfecho, entusiasmado **2.** hechizado, embrujado

e·ner·gí·a *f.* **1.** Fuerza que tiene un cuerpo para poder hacer un trabajo, producir un cambio o una transformación. *Esta nevera funciona con energía eléctrica.* **2.** Capacidad y fuerza para actuar. *Clara tiene energía para todo.*

e·nor·me *adj.* Muy grande. *Es una mansión enorme.*

▲ **Sinónimos:** inmenso, gigantesco

en·san·char *v.* Hacer más ancha una cosa. *Con el uso, los zapatos se ensanchan.*
▲ **Sinónimos:** ampliar, agrandar

en·si·mis·ma·do *adj.* Que está pensativo y no presta atención a lo que pasa. *Iba tan ensimismado que ni lo vio pasar.*
▲ **Sinónimos:** encantado, embobado

es·bel·to *adj.* Alto y de figura elegante. *Es un hombre esbelto, de unos cuarenta años.*

es·ce·na *f.* Parte del teatro donde los actores representan las obras. *La princesa acaba de salir a escena.*
▲ **Sinónimo:** escenario

es·fuer·zo *m.* Intento más fuerte de lo normal para conseguir algo. *Con un gran esfuerzo, logró llegar a la cima.*

es·pi·rá·cu·lo *m.* Orificio a través del cual la ballena expulsa el aire de los pulmones. *La ballena lanzó un chorro de agua por el espiráculo.*

es·plén·di·do *adj.* **1.** Impresionante por lo bueno, bello o rico. *Hace un día espléndido.* **2.** Generoso. *Mi padre es espléndido en las propinas.*
▲ **Sinónimo: 1.** magnífico

es·que·le·to *m.* Armazón del cuerpo de los animales que sirve como soporte de los músculos y protección de los órganos internos. *Los insectos tienen el esqueleto externo.*

es·tre·cho *adj.* **1.** Que tiene poca anchura. *Vigila porque es un sendero muy estrecho.* **2.** Que aprieta o que queda muy justo. *No se quiso poner esos pantalones porque le quedaban muy estrechos.*

e·vi·tar *v.* Hacer que no ocurra cierta cosa que iba a ocurrir. *Gracias a que tomó muchas vitaminas, evitó contagiarse.*

ex·pe·ri·men·to *m.* Prueba que se hace para descubrir o demostrar algo. *Para este experimento necesitan una vela y una cazuela con agua.*

ex·per·to/ta *s.* Persona que conoce o hace algo muy bien. *Roberto es un experto en geografía.*

ex·qui·si·to *adj.* De muy buena calidad o gusto. *Berta hizo un pastel exquisito.*
Sinónimo: delicioso

ex·tin·to *adj.* Que ya no existe. *El dinosaurio es un animal extinto.*

Ff

fi·la *f.* Línea de personas o cosas. *En el desfile había varias filas de soldados.*
Sinónimos: hilera, columna

fres·co *adj.* **1.** Como recién cogido del campo o recién salido del horno. *Ese rábano se ve muy fresco.* **2.** De temperatura moderadamente fría. *Qué día más fresco.* **3.** Sinvergüenza o que no se inmuta por nada. *No seas tan fresco y ayuda a tu madre.*

fu·tu·ro *m.* El tiempo que está por venir. *En el futuro se podrá viajar más rápidamente.* Tiempo de verbo que indica que algo ocurrirá o no. *María vendrá mañana.*

ga·rra *f.* Pata de animal, de uñas corvas, fuertes y agudas, como las del león o el águila. *Ese león tiene una garra herida.*

ge·ne·rar *v.* Originar. Producir una cosa. *El fuego genera calor.*

gi·gan·tes·co *adj.* Relativo a los gigantes. Muy grande. *Este hotel es gigantesco.*
Sinónimo: enorme

ginc·go *m.* Árbol grande originario de la China. Tiene hojas en forma de abanico y el fruto amarillo. *En el jardín tenemos un naranjo, un limonero y un gincgo.*

gua·ri·da *f.* **1.** Cueva de animales. *Mira esa guarida de ardillas.* **2.** Refugio de maleantes. *La policía descubrió una guarida de ladrones en el sótano.*

gui·sa·do *m.* Comida que se elabora cocinando en una salsa trozos de carne, pescado, papas, verduras y otros ingredientes. *Me encanta el guisado que prepara mi madre.*

há·bil *adj.* Que tiene destreza para hacer algo, de tipo intelectual o manual. *Ron te podrá arreglar el cochecito porque es muy hábil.*
▲ **Sinónimos:** diestro, mañoso

ha·ce·dor *m.* Persona que hace. A veces, a Dios también se le llama hacedor. *Dios es el hacedor del mundo.*

ham·bre *f.* **1.** Deseo y necesidad de comer. *Tengo mucha hambre.* **2.** Escasez de alimentos. *Hay gente en el mundo que padece mucha hambre.*
▲ **Sinónimo: 1.** apetito

he·chi·ce·ro/ra *s.* Brujo, persona que realiza hechizos. *El hechicero logró que la princesa se despertara con una pócima.*

hé·ro·e *m.* **1.** Persona admirada por el resto por realizar una hazaña o por su gran personalidad. *Al salvar a esa niña, se comportó como un héroe.* **2.** En la mitología, hijo de un dios o una diosa y un mortal. *Aquiles es un héroe porque era hijo de un hombre y una diosa griega.*

hor·mi·gue·ro *m.* **1.** Colonia de hormigas o lugar donde habitan. *En ese hormiguero al menos hay mil hormigas.* **2.** Lugar donde hay o por donde pasa mucha gente. *Esta avenida es un hormiguero.*

hue·co *m.* **1.** Porción de espacio vacía. *Pon masilla en ese hueco.*
▲ **Sinónimos: 1.** orificio, agujero

391

Ii

i·lu·sión *f.* **1.** Alegría que se experimenta al tener, contemplar o esperar algo. *El regalo le hizo mucha ilusión.* **2.** Imagen irreal provocada por la imaginación o por engaño de los sentidos. *Un espejismo es una ilusión.*

im·po·nen·te *adj.* Que impone miedo o respeto, o impresiona mucho por su belleza, riqueza, tamaño, etc. *Las pirámides son imponentes.*

▲ **Sinónimos:** impresionante, formidable

im·pren·ta *f.* Lugar donde se imprime. *La imprenta de ese periódico es muy grande.*

in·sec·to *m.* Animal con el cuerpo dividido en cabeza, tórax y abdómen. Tiene un par de antenas y tres pares de patas. La mayor parte de los insectos tienen alas. *La hormiga es un insecto que vive en sociedad.*

> ### Historia de la palabra
>
> La palabra **insecto** viene de la palabra latina *insectus,* que significa "que tiene cortes" porque este tipo de animal tiene tres partes diferentes.

i·nun·dar *v.* **1.** Cubrir un lugar de agua u otro líquido. *El río se desbordó e inundó el pueblo.* **2.** Llenarse un lugar de cosas o personas. *En verano, Roma se inunda de turistas.*

in·ven·tor/a *s.* Persona que descubre cómo hacer una cosa nueva u otra manera de hacer algo que ya existía. *Franklin fue un gran inventor.*

Kk

krill *m.* Pequeño crustáceo parecido a la gamba del que se alimentan las ballenas. *Una ballena traga en una comida 4,400 libras de krill.*

la·zo *m.* **1.** Cuerda con nudo corredizo en un extremo para cazar o sujetar animales. *El caballo se escapó pero consiguieron sujetarlo con un lazo.* **2.** Nudo, fácil de deshacer, que sirve de adorno. *En el árbol de Navidad pusimos diez lazos.* **3.** Relación con otra persona. *¿Qué lazos te unen a Javier?*

lu·pa *f.* Lente de cristal que aumenta la imagen de los objetos. *Miré el insecto con una lupa.*

ma·du·ro *adj.* **1.** Dícese del fruto que ya puede ser recogido. *Estas peras están muy maduras.* **2.** Dícese de la persona con experiencia y cierta sabiduría de la vida. *Es un hombre maduro.*

ma·jes·tuo·so *adj.* Que manifiesta majestad o actúa con gravedad. *Ese palacio es majestuoso.*
▲**Sinónimos:** imponente, señorial

ma·mí·fe·ro *m.* Clase de animales vertebrados que nacen con la forma propia de un adulto y al principio se alimentan de la leche de su madre. *La ballena es un mamífero que vive en el mar.*

me·lo·dí·a *f.* Sucesión de sonidos o notas musicales. *Esa canción tiene una bella melodía.*

mes·ti·zo/za *s.* Persona nacida de padres de diferente raza. *Yo soy mestizo porque mi padre es maya y mi madre española.*

mo·li·no *m.* Instalación que sirve para moler granos y en la que el motor es una rueda de paletas impulsada por el agua o por el viento. *En Holanda hay muchos molinos de viento.*

mul·ti·tud *f.* Reunión de muchas personas, animales o cosas. *Fue a recibirle una gran multitud.*
▲**Sinónimo:** muchedumbre

Nn

néc·tar *m.* Jugo dulce que hay en las flores. *Las abejas chupan el néctar de las flores y lo convierten en miel.*

no·ve·dad *f.* Cambio inesperado. *En el pueblo, todo sigue igual; no hay ninguna novedad.*

nuez *m.* Fruto del nogal, de cáscara dura y semilla aceitosa, comestible. *Tanto la nuez como la avellana son frutos secos.*

Oo

o·cu·rren·cia *f.* Dicho o pensamiento ingenioso, inesperado. *Adán siempre tiene ocurrencias graciosas.*
Sinónimo: salida

o·pi·nión *f.* Forma propia de pensar sobre algún asunto, persona o cosa. *Mi opinión es que no debemos ir porque hace mucho frío.*

o·por·tu·ni·dad *f.* Momento o circunstancia adecuada para hacer algo o que ocurra algo. *Mirla aprovechó la primera oportunidad para hablarle.*

o·ron·do *adj.* Contento consigo mismo. *Aunque dijo una tontería, se quedó muy orondo.*
Sinónimo: satisfecho

os·cu·ro *adj.* **1.** Falto de luz o claridad. *José vive en un apartamento muy oscuro.* **2.** Dícese del color casi negro o del opuesto al más claro de su misma tonalidad. *Esta blusa es de color verde oscuro.*

Pp

pa·nel *m.* Plancha delgada. *Para recoger la energía solar, pusimos 3 paneles en el tejado.*

pa·ra·rra·yos *m.* Dispositivo para proteger los edificios de las descargas eléctricas de la atmósfera. Consta de una barra metálica terminada en punta y se comunica con la tierra o el agua mediante conductores metálicos. *Franklin inventó el pararrayos.*

pa·se·ar *v.* Andar a pie, a caballo o en vehículo, por placer o por hacer ejercicio. *Fuimos a pasear por el sendero del molino.*

per·der *v.* **1.** Dejar de tener cierta cosa. *He perdido mis gafas.* **2.** Ir a parar a un sitio desconocido. *Me perdí en el metro.*

pe·rí·o·do *m.* **1.** Porción de tiempo que comprende la duración total de una cosa. *Durante el período de vacaciones vamos a la playa.* **2.** Porción de tiempo que tarda en repetirse un hecho. *El período de traslación de la Tierra es de 365 días.*

per·so·na·je *m.* **1.** Persona imaginaria en una novela, obra de teatro, cine o televisión. *Pinocho es el personaje de un cuento.* **2.** Persona muy importante. *Franklin es un personaje histórico.*

pe·tró·le·o *m.* Substancia oleosa formada por una mezcla de hidrocarburos que se encuentra en bolsas en el interior de la Tierra. *El petróleo se usa como combustible y en la industria química.*

pro·du·cir *v.* **1.** Generar o fabricar algo. *Esta fábrica produce mil coches cada mes.* **2.** Ocurrir, tener lugar. *El incendio se produjo a medianoche.* **3.** Causar cierto estado de ánimo o físico. *Esta pomada me produce picazón.*

pro·fun·di·dad *f.* Distancia que hay desde la superficie hasta el fondo de una cosa o lugar. *Los peces que viven en la profundidad del mar son ciegos.*

pro·pio *adj.* **1.** Mismo. *Ni el propio Pepe sabía de qué hablaba.* **2.** Perteneciente a uno, personal. *Lilian ya tiene coche propio.*

Qq

que·mar *v.* **1.** Abrasar o consumir con fuego o calor. *Las ramas pequeñas se queman muy rápido.* **2.** Causar quemazón o ardor algo caliente o picante. *No toques el plato que quema.*

Rr

rá·fa·ga *f.* Corriente súbita y momentánea de algo. *Vi una ráfaga de luz.*

ran·cio *adj.* Dícese del olor y sabor fuertes que adquieren ciertos alimentos o cosas con el paso del tiempo. *Este sótano huele a rancio.*

re·cién *adv.* Desde hace muy poco tiempo. *El pan está recién hecho.*

re·cio *adj.* Fuerte y robusto. *De tanto trabajar tiene los brazos bien recios.*
▲**Sinónimos:** vigoroso, enérgico

re·fu·gio *m.* Lugar donde se esconden o protegen personas o animales. *Esa cueva debe ser el refugio de un oso.*

re·gla *f.* **1.** Normas o leyes de algo. *Las reglas de este juego son muy simples.* **2.** Pieza plana y larga para trazar líneas rectas. *Cuando vayas a la papelería, compra una regla y un lapicero.*

res·ba·lo·so *adj.* Que resbala fácilmente o que es fácil resbalar sobre ello. *Cuidado con el piso que está resbaloso.*
▲**Sinónimo:** resbaladizo

res·ca·ta·dor/ra *s.* Persona que rescata a alguien o algo. *Miguel es un rescatador de koalas.*

re·sig·na·do *adj.* Que acepta algo que no puede cambiar. *Pedro ya está resignado a cambiar de escuela.*

res·plan·dor *m.* Luz o brillo muy fuerte. *Por la noche, sólo se veía el resplandor de las hogueras.*

Ss

sa·bio *m.* Persona con grandes conocimientos. *Fernando es el sabio del pueblo.*

sa·bro·so *adj.* De sabor agradable y bastante intenso. *Prueba este plato que es muy sabroso.*
▲ **Sinónimos:** delicioso, rico

sa·gua·ro *m.* Un tipo de cactus alto casi sin ramas que crece en México y en el suroeste de Estados Unidos. *El cactus saguaro tiene el fruto rojo.*

Historia de la palabra
La palabra **saguaro** viene de la palabra indígena mexicana *sahuaro* que es el nombre que le dieron a un tipo determinado de cactus.

so·pli·do *m.* Acción y efecto de soplar. *Apagó la vela de un soplido.*
▲ **Sinónimo:** *soplo*

sor·pren·di·do *adj.* Impresión cuando ocurre o aparece algo inesperado. *Al ver entrar a su padre, quedó sorprendido.*
▲ **Sinónimos:** asombrado, desconcertado

súb·di·to/ta *s.* Persona sujeta a la autoridad de un superior y obligada a obedecer. *El rey saludó a sus súbditos.*

su·dor *m.* Líquido que producen las glándulas sudoríparas que se encuentran en la piel. *El campesino se secó el sudor de la frente.*

su·per·vi·ven·cia *f.* Conservación de la vida, especialmente en una situación difícil. *La supervivencia en el desierto es muy difícil.*

su·su·rro *m.* Ruido suave que se produce al hablar en voz baja o cuando se mueve una cosa con cuidado. *No se oía ni un susurro.*
▲ **Sinónimos:** murmullo, rumor

Tt

ta·ller *m.* Lugar donde se enseña o se realiza un trabajo manual o artístico. *Mi padre trabaja en un taller de carpintería.*

tí·mi·do *adj.* Que siente vergüenza al hablar o actuar, especialmente delante de gente que no conoce. *Pedro es tan tímido que no se atreve ni a pedir un vaso de agua.* ▲**Sinónimo:** *vergonzoso*

tí·te·re *m.* Muñeco que se mueve con cuerdas o metiendo la mano dentro. *El domingo siempre vamos a ver títeres.*

to·na·da *f.* Poema para ser cantado o la música que se pone a ese poema. *Me gusta la melodía de esta tonada.*

tor·na·do *m.* Tormenta de efectos devastadores que avanza a 400 ó 500 km por hora. *El tornado destruyó un puente y dos carreteras.*

to·rren·cial *adj.* Que cae en gran cantidad y con fuerza. *Tras una lluvia torrencial el campo quedó destrozado.*

tor·ti·lla *f.* Torta hecha de maíz. *Cuando fui a México, comí tortillas todo el día.*

tos·co *adj.* **1.** Grotesco, rudo, sin pulimiento. *Miguel usa siempre un lenguaje tosco.* **2.** Hecho con poco cuidado y habilidad, y con materiales de poco valor. *No me gusta este mantón porque su bordado es tosco.*

to·zu·dez *f.* Cualidad de la persona que no cambia de opinión aunque tenga razones en contra muy fuertes. *La tozudez no te permite aprender cosas nuevas.*

trá·fi·co *m.* Paso o movimiento de vehículos por una calle o carretera. *En esta calle hay mucho tráfico.*

tra·gar *v.* **1.** Hacer pasar algo de la boca al estómago. *Trágate la pastilla de una vez.* **2.** Comer mucho o vorazmente. S*e tragó tres hamburguesas en un momento.*
▲**Sinónimos: 1.** ingerir; **2.** devorar, zampar

tras·la·dar *v.* Cambiar de lugar una cosa o persona. *Una grúa trasladó el coche de la carretera al taller.*

tro·no *m.* Silla de brazos donde se sientan las altas dignidades durante una ceremonia. *El rey recibió a los embajadores sentado en su trono.*

tú·nel *m.* Paso subterráneo hecho por el hombre. *De este pueblo al otro, el tren pasa por ocho túneles.*

va·ra *f.* Palo delgado y largo. *No me gusta que José pegue al caballo con la vara.*

va·ra·do *adj.* Que algo que estaba en el mar se ha quedado encallado dentro o fuera del agua. *El bote apareció varado en la playa del Carmen.*

ven·to·so *adj.* Dícese del tiempo o lugar en que sopla un viento fuerte. *En esta región el tiempo es muy ventoso.*

vic·to·ria *f.* Acción y efecto de vencer en una guerra, una pelea, etc. *El ejército francés logró la victoria casi sin esfuerzo.*
▲**Sinónimo:** triunfo

vi·go·ro·so *adj.* Que tiene fuerza y es enérgico. *Te podrá ayudar en la mudanza porque es vigoroso y rápido.*
▲**Sinónimos:** robusto, fuerte

vin·cha *f.* Cinta o pañuelo que se pone en la cabeza para sujetar el pelo. *Me gusta como te queda esta vincha.*

ACKNOWLEDGMENTS

The publisher gratefully acknowledges permission to reprint the following copyrighted material:

"En el país de Nomeacuerdo" from LAS CANCIONES by María Elena Walsh. Copyright © 1994 by Editora Espasa Calpe/ Seix Barral. Used by permission of the author.

"El hacedor de pájaros" by Fernando González . Copyright © 1995. Used by permission of the author.

"Calor" by Juanita Alba and Amado Peña. Copyright © 1995 by Lectorum Publications. Used by permission of the publisher.

"Hotel Cactus" translated from CACTUS HOTEL by Brenda Z. Guiberson, illustrated by Megan Lloyd. Illustrations copyright © 1991 by Megan Lloyd. Reprinted by permission of Henry Holt and Co.

"La ballena azul" translated from BIG BLUE WHALE by Nicola Davies. Text copyright „ 1997 by Nicola Davies. Illustrations copyright „ 1997 by Nick Maland. Reprinted by permission of Candlewick Press.Copyright © 1989 by the author and Editorial Bruño. Used by permission of the publisher.

"Lupa" from PALABRAS QUE ME GUSTAN by Clarisa Ruiz. Copyright © 1987 by Editorial Norma. Used by permission of the publisher.

"Piensa" from VERSOS PARA SOÑAR Y JUGAR by María Luisa Silva. Copyright © 1989 by Pehuén Editores. Used by permission of the publisher.

"Abuelita Lobo" translated from "LON PO PO: A RED-RIDING HOOD STORY FROM CHINA" by Ed Young. Copyright „ 1989 by Ed Young. Reprinted by permission of Philomel Books.

"Pirimpimpón" from CUATRO CUENTOS CÁNDIDOS by Beatriz Ferro. Illustrated by Elena Torres. Copyright © 1994 by Beatriz Ferro. Used by permission of the author.

"Las numerosas vidas de Benjamin Franklin" translated from "THE MANY LIVES OF BENJAMIN FRANKLIN" by Aliki. Copyright „ 1977, 1988 by Aliki Brandenburg. Reprinted by permission of Simon and Schuster Books for Young Readers, a Division of Simon & Schuster, Inc.

"Nublado con posibilidades de albóndigas" translated from "CLOUDY WITH A CHANCE OF MEATBALLS" by Judi Barrett. Text copyright © 1978 by Judi Barrett. Illustrations copyright © 1978 by Ron Barrett. Reprinted with permission of Atheneum Books for Young Readers, Simon & Schuster Children's Publishing Division.

"Cuento de la luna niña" from ILÁN ILÁN by Ester Feliciano Mendoza. Copyright © 1985 by Editorial de la Universidad de Puerto Rico. Used by permission of the publisher.

"Sueño despierto" by José Martí from CULTIVO UNA ROSA BLAN-CA. Copyright © 1988 by Editorial Costa Rica. Used by permission of the publisher.

"El automóvil de mi abuelo" by Hilda Perera. Illustrated by Carlos Rodríguez Rosillo. Copyright © 1995 by Editorial Everest. Used by permission of the publisher.

"Dos hormigas traviesas" translated from "TWO BAD ANTS" by Chris Van Allsburg. Copyright „ 1988 by Chris Van Allsburg. Reprinted by permission of Houghton Mifflin Company.

"Fábula del buen hombre y su hijo" by Mireya Cueto. Copyright © 1986 by Consejo Nacional de Fomento Educativo. Used by permission of the author.

"El cuento del coquí" by David García. Illustrated by Gus Anavitate. Copyright © 1995 by Puerto Rico Almanacs, Inc. Used by permission of the publisher.

"Meteoro" by Elías Nandino. Reprinted by permission of Ludwig Zeller and The Porcupine's Quill.

Illustration

En el país de Nomeacuerdo (U. Opener) p. 10, Sheldon Greenburg
Piensa (U. Opener) p. 132, Melisande Potter-Hall
Las numerosas vidas de B. Franklin p. 199, Jane Dill (heading)
Sueño despierto (U. Opener) p. 268, Deborah DeSaix
Fábula del buen hombre y su hijo pp. 330–343, Suling Wang

Photography

377 Bachman/Stock Boston; 380 Michael Newman/PhotoEdit; 381 Margot Granitsas/Photo Researchers; 382 Tony Freeman/PhotoEdit; 383 Kevin Schafer/Peter Arnold, Inc.; 384 David Young-Wolf/Photo Edit; 385 Charles D. Winters/Photo Researchers; 385 Donovan Reese/Tony Stone Images; 386 NASA/Photo Researchers; 387 David M. Dennis/Tom Stack & Associates; 388 Mark C. Burnett/Stock Boston; 389 Deborah Denker/Liaison International; 389 Bonnie Kamen/PhotoEdit; 390 MHSD; 391 Gary Yeowell/Tony Stone Images; 392 Norbert Wu/Peter Arnold, Inc.; 395 Ted Curtin/Stock Boston; 396 Kevin Horan/Stock Boston

270-71 Courtesy, Carmen Lomas Garza; 328-29 Bridgeman Art Library

28 Bob Daemmrich/Stock Boston; 29:t Spencer Grant/PhotoEdit; 61:b. Barbara Stitzer/PhotoEdit; 295 Moore & Moore Publishing Superstock